Edition septembre 2018

Word 2013 – 2016

Initiation

Fichiers téléchargeables

Les fichiers de manipulations cités dans cet ouvrage sont téléchargeables sur Internet. Pour y accéder, procédez comme suit :

- lancer votre navigateur internet (Internet Explorer, Chrome, FireFox…)
- saisir ou copier-coller dans la barre d'adresses de votre navigateur (encadré rouge) le lien indiqué dans la description de l'ouvrage (description disponible sur le site Amazon)
- la liste des fichiers utilisables s'affiche

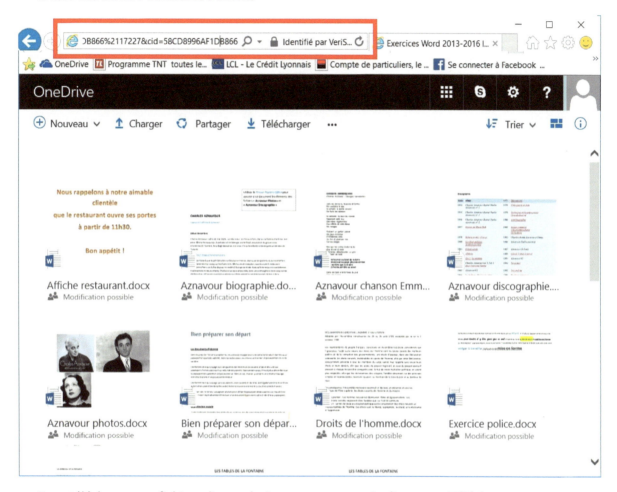

- Pour télécharger un fichier, cliquer droit sur son nom puis cliquer sur **Télécharger** ; vous pouvez également cocher le fichier pour le sélectionner et utiliser le bouton **Télécharger** disponible dans l'interface du site.

TABLE DES MATIERES

Information

Ce document est un **manuel d'auto-apprentissage pour Word versions 2013 et 2016.** Il vous permet de progresser de façon autonome, vous y trouverez des informations générales en fonction des thèmes abordés et des consignes à reproduire.

Symboles

Ce petit symbole indique un conseil.

Cette information « expert » vous **permet d'aller plus loin** dans la fonctionnalité abordée.

Si vous êtes débutant, ces passages risquent de vous paraître obscurs, leur lecture peut **être différée à la fin de votre apprentissage du module en cours**.

Faites attention, cet avertissement vous donne une nuance dans la manipulation à effectuer.

Quelques informations indispensables avant de commencer

Pour effectuer les manipulations qui suivent, il vous faut créer un premier document Word. Procédez comme suit :

- Lancez *Word* (cliquez pour cela sur l'icône du programme que vous trouverez sur le fond de l'écran ou dans le menu Démarrer ; en cas de difficultés, reportez-vous au chapitre Lancer et quitter Word)

- Dans la page blanche qui s'affiche automatiquement au démarrage du programme, saisissez le texte suivant : **=rand()** puis appuyez sur la touche Entrée du clavier. Un texte exemple est créé, que vous pouvez utiliser pour tester les manipulations ci-dessous.

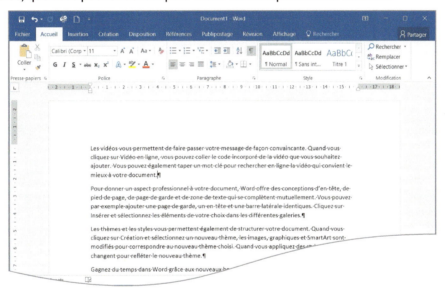

Le clavier principal

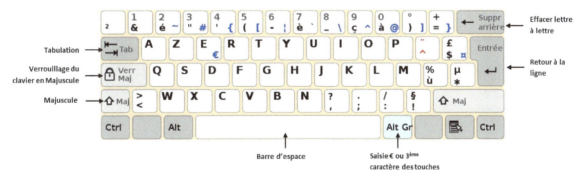

Minuscule, Majuscule et Alt Gr

Certaines des touches du clavier ont plusieurs caractères, comme par exemple la touche . Voici comment saisir chacun des caractères :

- Le caractère du bas (ici le **à**) s'obtient lorsque le clavier est en minuscule
- Le caractère du haut (ici le **0**) s'obtient lorsque le clavier est en majuscule

- Le troisième caractère (ici le **@**) s'obtient lorsque vous appuyez brièvement sur la touche en maintenant la touche Alt Gr du clavier enfoncée (de même que le symbole **€** avec la touche du E)

Le clavier secondaire

Le clavier dispose d'une seconde partie sur sa droite, qui contient elle aussi des touches importantes à ne pas négliger.

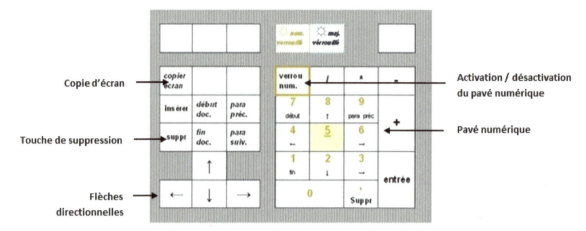

- **Les flèches directionnelles** : elles permettent de déplacer le curseur (petite barre verticale clignotante) dans le texte pour le placer correctement avant de poursuivre votre saisie ou de la corriger.
- **La touche de suppression** : alternative à la touche d'effacement du clavier principal, la touche **Suppr** permet de supprimer la sélection ou d'effacer le caractère qui se trouve à droite du curseur
- **Le pavé numérique** : permet de saisir les chiffres sans avoir à passer le clavier en majuscule
- **La copie d'écran** : permet de « photographier » l'écran et de le copier dans un fichier en tant qu'image

A noter que les claviers peuvent être différents selon les marques et que la position de certaines touches peut varier.

Bouton gauche et bouton droit de la souris

Si vous avez observé votre *souris*, vous aurez certainement remarqué qu'elle disposait de deux boutons. Sauf instruction contraire explicite, vous devez toujours utiliser le bouton situé à gauche pour effectuer vos clics. En effet, c'est par le bouton gauche que l'on clique sur les boutons, que l'on double-clique pour ouvrir un élément, que l'on effectue un cliquer-glisser pour sélectionner un bloc de texte.

Il peut arriver cependant dans ce manuel que l'on vous demande d'effectuer un ***clic droit*** : dans ce cas, et dans ce cas seulement, utilisez le bouton droit de la souris. Cela aura systématiquement pour effet d'afficher une liste à l'écran, dans laquelle vous pourrez choisir une option proposée.

La liste affichée se nomme « *menu contextuel* » car elle différera chaque fois selon l'endroit où vous effectuerez votre clic droit.

Le Curseur

Le *curseur* est une petite barre verticale noire clignotante visible dans la page Word. Cette petite barre clignotante est capitale car c'est elle qui vous permet de décider ou vérifier l'endroit où s'inscrira le texte que vous vous apprêtez à saisir au clavier.

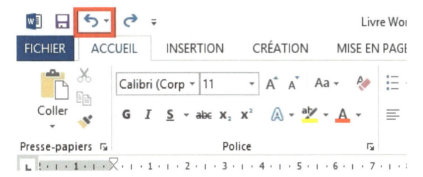

Pour déplacer le curseur à l'endroit voulu pour votre saisie, vous pouvez utiliser le clic gauche de la souris ou l'une des quatre touches directionnelles du clavier.

A noter que le curseur n'est pas visible si vous avez une sélection en cours dans votre document. Pour le faire réapparaître, il vous suffit de désélectionner en cliquant sur la page à l'aide de la souris ou en utilisant une des quatre flèches directionnelles du clavier.

Le bouton Annuler

Quelles que soient les erreurs que vous commettrez dans votre document durant vos manipulations, il en est peu qui soient irrémédiables si vous pensez à utiliser le bouton « magique » d'annulation.

Ce bouton, que vous trouverez dans la barre d'outils *Accès rapide*, vous permet d'annuler toute action sur le texte que vous auriez commise par erreur (hormis une sélection ou un changement d'affichage, qui ne constituent pas des actions).

Si vous êtes débutant, et même moins débutant, aucun doute que vous commettrez un certain nombre d'erreurs durant votre parcours alors surtout, repérez bien ce bouton et n'hésitez pas à l'utiliser si cela ne se passe pas tout à fait comme vous l'auriez voulu !

La sélection

Après la saisie du texte, savoir sélectionner est la seconde chose que vous devez apprendre à faire en Word. En effet, sélectionner permet de déterminer sur quelle partie du texte la prochaine commande sera appliquée. Par exemple, si un mot dans le texte doit être souligné, il est impératif de sélectionner le mot avant de cliquer sur le bouton pour demander le soulignement.

Pour sélectionner, vous pouvez effectuer un cliquer-glisser sur la partie du texte concerné à l'aide du bouton gauche de la souris : cliquer au tout début, à gauche du premier caractère à sélectionner, puis sans relâcher le bouton de la souris, glissez sur le texte jusqu'au dernier caractère à sélectionner avant de relâchez le bouton de la souris.

Le texte sélectionné se distingue par un fond gris.

> en·Word.·En·effet,·sélectionner·permet·de·déterminer·sur·quelle·partie·du·texte·la·prochaine·
> commande·sera·appliquée.·Par·exemple,·si·un·mot·dans·le·texte·doit·être·souligné,·il·est·impératif·de·
> sélectionner·le·mot·avant·de·cliquer·sur·le·bouton ⌷S⌷ ·pour·demander·le·soulignement.¶
>
> Pour·sélectionner,·vous·pouvez·effectuer·un·cliquer-glisser·sur·la·partie·du·texte·concerné·à·l'aide·du·
> bouton· gauche· de· la· souris°:· cliquer· au· tout· début,· à· gauche· du· premier· caractère· à· sélectionner,·
> puis·sans·relâcher·le·bouton·de·la·souris,·glissez·sur·le·texte·jusqu'au·dernier·caractère·à·sélectionner·
> avant·de·relâchez·le·bouton·de·la·souris.¶

A noter qu'il existe souvent des moyens faciles et rapides pour sélectionner que de cliquer-glisser sur le texte. Le plus intéressant à maîtriser est la sélection par la marge gauche : positionnez votre souris sans cliquer sur la gauche du texte (à peu près à 1 cm de distance) jusqu'à ce que le pointeur prenne la forme d'une flèche oblique . Lorsque cette flèche apparaît, vous pouvez effectuer trois sélections différentes :

- un clic pour sélectionner une ligne de texte,
- un double-clic pour sélectionner tout le paragraphe,
- un triple-clic pour sélectionner tout le document (plus difficile, mais pas impossible)

>
>
> Pour·sélectionner,·vous·pouvez·effectuer·un·cliquer-glisser·sur·la·partie·du·texte·concerné·à·l'aide·du·
> bouton· gauche· de· la· souris°:· cliquer· au· tout· début,· à· gauche· du· premier· caractère· à· sélectionner,·
> puis·sans·relâcher·le·bouton·de·la·souris,·glissez·sur·le·texte·jusqu'au·dernier·caractère·à·sélectionner·
> avant·de·relâchez·le·bouton·de·la·souris.¶
>
> Le·texte·sélectionné·se·distingue·par·un·fond·gris.¶

Autre petite astuce à retenir : quand vous voulez sélectionner un mot, double-cliquez simplement dessus.

Pour désélectionner, cliquez une fois sur le texte en dehors de la sélection grisée, ou appuyez une fois sur l'une des quatre touches directionnelles du clavier.

Nous en avons terminé avec notre préambule sur les manipulations de base, il nous faut refermer notre document test (que nous ne voulons pas conserver) :

- à l'aide de votre souris, visez la croix de fermeture tout en haut à droite du document

- cliquez une fois dessus pour demander la fermeture du document
- au message de Word vous demandant si vous souhaitez enregistrer votre document, cliquez sur *Ne pas enregistrer*

Et maintenant, commençons !

Qu'est-ce que Word ?

Que ce soit pour écrire une lettre ou rédiger vos mémoires, le programme qu'il vous faut est un programme capable de bien gérer du texte. Ce type de programme s'appelle un Traitement de texte et il en existe de nombreux sur le marché.

Le plus utilisé, et celui que nous vous proposons d'apprendre ici, s'appelle *Word*. Plus précisément *Word 2016* (ou *Word 2013*), puisqu'il s'agit de la version du logiciel commercialisé durant l'année 2016 (ou 2013).

Word est un programme, ou logiciel, développé et commercialisé par la société *Microsoft*. Word s'achète souvent en même temps que d'autres programmes de Microsoft (tableur *Excel*, présentation *PowerPoint*…) et à ce titre, il fait partie de ce que l'on appelle le « *pack Microsoft Office* ».

Notez que l'image, ou icône, qui symbolise Word est un *W* bleu tel que représenté ci-contre.

Lancer et quitter Word

Lorsque vous allumez un ordinateur, le logiciel Word n'est pas immédiatement disponible à l'écran. C'est normal, puisque vous pourriez avoir allumé votre ordinateur pour bien autre chose que du traitement de texte, comme par exemple réaliser un tableau ou surfer sur Internet.

C'est donc à vous de demander à lancer Word si vous souhaitez vous en servir pour commencer à saisir vos mémoires ou votre lettre.

- Cliquez en bas à gauche de l'écran sur le bouton *Démarrer*  ou ■ de *la barre des tâches Windows*
- Dans la liste qui s'affiche au-dessus du bouton *Démarrer*, cliquez sur le programme *Word*

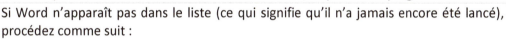 Si Word n'apparaît pas dans le liste (ce qui signifie qu'il n'a jamais encore été lancé), procédez comme suit :

- Cliquez sur le bouton *Démarrer* puis cliquez dans la zone de recherche qui s'affiche juste au-dessus ou à la droite du bouton
- Saisissez le mot *Word* pour lancer la recherche puis cliquez sur l'icône *Word* qui s'affiche dans la liste de résultats de la recherche.

- Une fenêtre s'ouvre à l'écran, affichant l'écran d'accueil suivant :

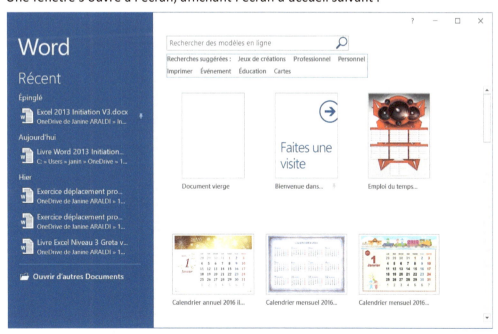

Nous voulons créer un document vierge et non ouvrir un document créé précédemment ou faire appel à un modèle : nous allons donc tout simplement cliquer sur le premier icône *Document vierge*.

Document vierge

Aussitôt, une page vide s'affiche à l'écran, dans laquelle vous pourriez commencer à saisir votre texte.

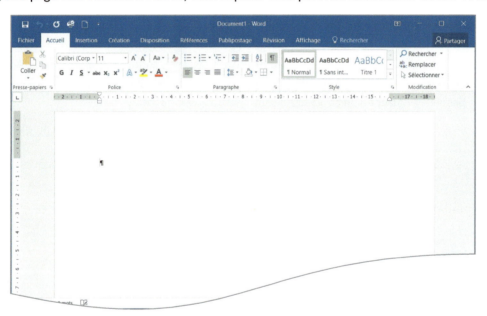

Quitter Word

Nous allons apprendre maintenant à refermer cette fenêtre. Remarquez les trois boutons affichés en haut à droite de ce que l'on appelle la *Barre de titre* de la fenêtre. Cliquez sur le bouton en forme de croix pour refermer la fenêtre et quitter Word.

Très bien, voyons à présent une seconde méthode généralement disponible pour démarrer Word.

Lancer Word par un raccourci

Bien souvent, les informaticiens chargés d'installer les programmes sur l'ordinateur auront fait en sorte que vous y trouviez un *raccourci* pour lancer plus rapidement ceux que vous utilisez souvent.

Donc, cherchez l'icône de Word en bas de votre écran, sur la barre des tâches Windows qui s'affiche sur la droite du bouton *Démarrer* Si vous visualisez l'icône, cliquez simplement une fois dessus pour lancer Word.

A noter que vous pouvez également trouver l'icône de Word sur le *Bureau Windows*, à savoir le premier écran affiché au démarrage de l'ordinateur.

Quelle que soit la méthode d'ouverture de Word choisie, la fenêtre Word s'ouvre, vous proposant à nouveau l'écran d'accueil : cliquez sur *Document vierge* pour créer un nouveau document vide. Cette fois encore, nous ne sommes pas prêts à commencer notre saisie ; cliquez sur la croix en haut à droite pour refermer la fenêtre sans rien modifier.

Quitter Word

Comme nous l'avons vu, il est très simple de quitter Word en cliquant sur le bouton de fermeture de la fenêtre en haut à droite.

Nous allons maintenant tester une autre méthode : bien sûr, pour ce faire, il nous faut à nouveau lancer Word (utilisez pour cela l'une des méthodes expliquées ci-dessus). Puis, une fois un nouveau document Word affiché à l'écran, repérez en haut à gauche de la fenêtre l'onglet *Fichier*. Cliquez dessus, puis dans la liste qui s'affiche à l'écran, cliquez sur Fermer .

 L'onglet **Fichier** *est un onglet particulier de Word, qui masque complètement les autres outils.*

Pour sortir de l'onglet **Fichier** *sans fermer Word, utilisez la flèche de retour en arrière* *située en haut à gauche de la fenêtre.*

La fenêtre Word

Il nous faut maintenant regarder de plus près la fenêtre Word avant de nous lancer dans notre premier véritable texte.

Pour faire simple, on peut dire que la fenêtre Word se décompose en deux grandes parties : le haut de la fenêtre, qui contient un bandeau appelé *ruban* sur lequel se trouvent tous les outils nécessaires pour travailler le texte et en-dessous la seconde partie, la plus importante, celle dans laquelle nous pouvons saisir notre texte.

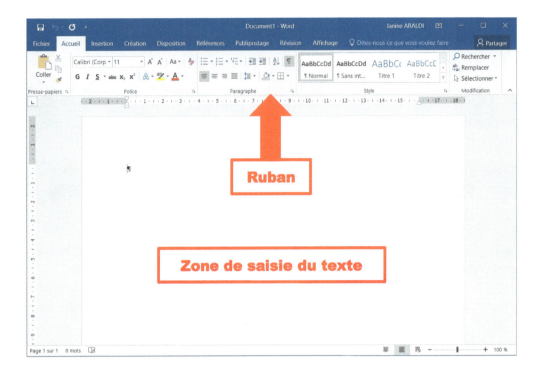

Le *ruban*, qui s'étale sur toute la largeur de la fenêtre Word, est composé de plusieurs *onglets*, depuis l'onglet *Fichier* jusqu'à l'onglet *Affichage* ou *Développeur* selon le cas. Chaque onglet contient des outils permettant de travailler le texte, soit au niveau de son aspect, soit au niveau de son impression, soit encore pour y ajouter des images ou des tableaux.

Pour vous simplifier la recherche du bon outil, ces derniers sont regroupés par finalité. Ainsi, vous trouverez dans l'onglet *Accueil*, le plus utilisé de tous, les commandes qui vous permettront d'embellir vos textes, tandis que toutes les commandes nécessaires à une bonne impression sur le papier se retrouvent dans l'onglet *Mise en page*.

Vous apprendrez à les connaître et les utiliser au fur et à mesure que vous avancerez dans ce manuel.

Pour l'instant, contentez-vous de visiter les onglets en cliquant (un simple clic suffit) par exemple sur les plus importants d'entre eux : l'onglet *Accueil* bien sûr, puis l'onglet *Insertion*, puis l'onglet *Mise en page* et enfin l'onglet *Affichage* (vous pouvez ignorer les autres, qui ne vous concerneront que bien plus tard).

Réduire / Développer le ruban

Le ruban est indispensable pour travailler vos textes. Vous pouvez malgré tout choisir de le masquer partiellement (par exemple pour visualiser davantage de texte à l'écran) en masquant ses boutons.

Pour ce faire, cliquez sur le bouton *Réduire* ^ visible tout à fait à droite du ruban.

Une fois réduit, le ruban prend l'aspect suivant :

Après réduction, seuls les onglets du ruban restent visibles. Pour accéder aux boutons, vous devez cliquer sur l'onglet correspondant, qui affichera provisoirement son contenu avant de se réduire à nouveau.

Pour redévelopper le ruban, cliquez sur le bouton *Options d'affichage du ruban*  situé en haut à droite de la fenêtre et choisissez *Affichez les onglet et commandes.*

 Veillez à n'effectuer qu'un simple clic lorsque vous changez d'onglet. En effet, un double-clic revient à demander la réduction du ruban. Si le ruban est déjà réduit, double-cliquer à nouveau sur un onglet pour réafficher le ruban complet.

L'onglet Fichier

Portez maintenant votre regard sur la gauche du ruban. Vous y trouvez le premier des onglets, l'onglet *Fichier*, dont le rôle est un peu particulier par rapport aux autres onglets*.*

En effet, lorsque vous cliquez sur *Fichier*, vous verrez apparaître une liste contenant les options qui vous permettront de gérer le document lui-même et non pas son contenu. Ainsi, vous trouverez la commande permettant d'enregistrer votre document, celle vous permettant de l'imprimer ou encore celle par laquelle vous pourrez l'envoyer par messagerie. Vous y trouverez aussi le moyen de créer un nouveau document ou de rouvrir un document déjà créé.

L'onglet *Fichier* est donc un outil capital dans l'utilisation de Word, dont nous ne tarderons pas à nous servir. Pour l'instant, souvenez-vous comment le refermer : cliquez sur la flèche en haut du volet de gauche  ; Word vous renvoie immédiatement au dernier onglet utilisé.

Cette première introduction rapide effectuée, il est temps à présent de commencer à saisir votre premier texte. Pour cela, vous devez vous trouver avec un document Word vierge affiché à l'écran. Si ce n'est pas le cas, quittez Word avant de l'ouvrir à nouveau afin qu'il vous propose une page vide.

Le curseur et l'affichage des paragraphes

Regardez bien votre écran : sur la partie blanche qui symbolise votre feuille, vous devriez voir une barre verticale clignoter doucement. Il s'agit du *CURSEUR*, l'élément le plus important à repérer et maîtriser pour saisir correctement votre texte.

Le curseur vous permet de savoir l'endroit où s'inscrira ce que vous vous apprêtez à saisir au clavier. En ce moment, votre curseur devrait normalement clignoter vers le haut de votre page vide, mais pas tout à fait au bord de la page car un espace vide appelé « marge » est toujours laissé de chaque côté de la feuille.

En utilisant votre clavier, saisissez en minuscules les deux mots suivants : **premier texte**. Vous devriez obtenir le résultat suivant :

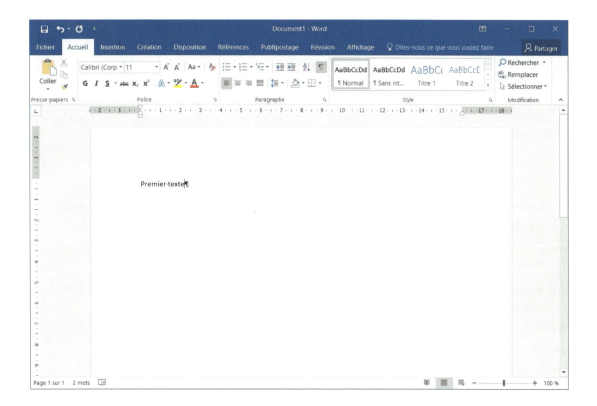

 Un étrange symbole ¶ devrait figurer à la droite de votre texte. Ce symbole peut sembler dérangeant de prime abord, mais il est important de vous habituer à le visualiser à l'écran car il vous permet de savoir exactement ce qui a été saisi ou inséré dans le texte. Ce n'est qu'une marque visuelle, elle ne s'imprimera pas.

Si le symbole n'est pas visible, cliquez une fois sur le bouton *Afficher tout* ¶ dans le groupe *Paragraphe* de l'onglet *Accueil* pour l'afficher.

A noter que l'activation de ce bouton affichera également les espaces entre les mots, les sauts de page, les tabulations, en bref tous les caractères dits « **de contrôle du texte** » qui ne s'impriment pas.

Regardez bien les deux mots que vous venez de saisir dans votre page. Normalement, la première lettre du mot **premier** s'est automatiquement mise en majuscule.

Il s'agit là d'une *correction automatique* de Word, qui a trouvé étrange qui vous saisissiez une phrase sans la commencer par une majuscule et vous a donc corrigé. Laissez-le faire, c'est généralement bien pratique et vous apprendrez plus tard comment l'empêcher d'intervenir sur votre texte sans votre autorisation.

Autre chose, vous avez saisi un espace entre les deux mots et cet espace est symbolisé à l'écran par un petit point noir (qui lui non plus ne s'imprimera pas). Là aussi, c'est grâce au bouton *Afficher tout*

¶ cité plus haut, et là aussi… eh bien il faut vous y habiter.

Poursuivons. Vous allez à présent ajouter votre prénom à la suite des deux mots déjà saisis. Vous voilà donc avec un texte de trois mots, par exemple **Premier texte Janine**.

Il s'agit maintenant de l'enregistrer.

Enregistrer un document

En informatique, tout ce qui se crée doit être sauvegardé par un *enregistrement* sous peine d'être perdu à jamais. Schématiquement, enregistrer consiste à « graver » sur un support physique bien concret (disque dur, clé USB, CD…) ce qui « flotte » on ne sait trop où dans votre ordinateur. C'est un peu la différence que l'on pourrait faire entre la parole et un écrit (vous savez, l'une qui s'envole et l'autre qui reste ?)

Ici, nous venons tout juste de créer notre document et il n'a donc jamais été enregistré. Il va nous falloir indiquer deux informations :

- **l'endroit** où nous souhaitons le stocker (dans quel dossier), ce qui nous permettra de savoir où aller le chercher quand nous l'aurons refermé et voudrons le rouvrir
- quel **nom** nous voulons lui donner, ce qui nous permettra de l'identifier et le distinguer des autres documents Word

Comme vous pouvez l'imaginer, chaque information est importante et il vous revient de veiller à ne pas enregistrer votre fichier (votre document) n'importe où et sous n'importe quel nom, sous peine de ne plus le retrouver la prochaine fois que vous voudrez l'ouvrir.

Si vous suivez cette procédure dans le cadre d'une formation en salle, nous vous rappelons que vous avez normalement créé un dossier de rangement à votre nom sur le réseau.

Enregistrer un nouveau document

Votre fichier avec son texte **Premier texte Prénom** est bien ouvert à l'écran. Pour l'enregistrer, suivez la procédure suivante :

- Cliquez sur l'onglet *Fichier*, puis cliquez sur *Enregistrer* dans la colonne de gauche
- Une première fenêtre d'enregistrement s'ouvre à l'écran. Cliquez une fois sur *Ordinateur* ou sur *Ce PC* puis sur le bouton *Parcourir*.

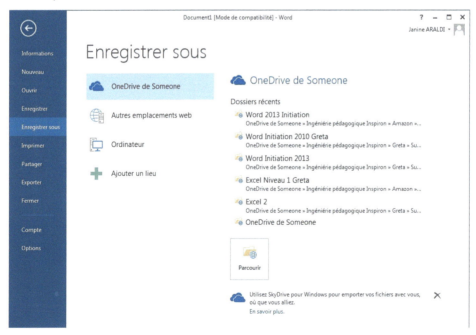

- Une seconde fenêtre s'affiche :

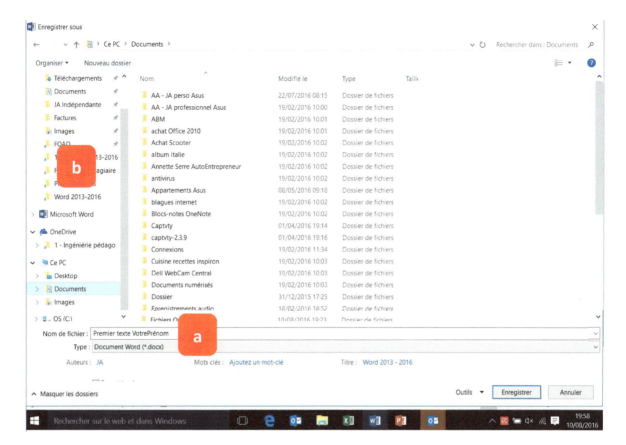

Observez bien cet écran, que vous retrouverez à chaque fois qu'il s'agira d'enregistrer un nouveau document pour la première fois :

-   Le nom du fichier doit être saisi dans la zone *Nom de fichier* **a** ; en ce qui nous concerne, nous laisserons pour cette fois le nom proposé automatiquement par Word, c'est-à-dire les premiers mots saisis dans le document, ce qui nous convient tout à fait.

-   Vous devez maintenant utiliser la liste de gauche **b** pour sélectionner le *dossier de rangement* dans lequel doit être rangé votre fichier :

    -   Utilisez la flèche ˇ pour descendre dans la liste à gauche jusqu'à visualiser le lecteur voulu et cliquez dessus.

    -   Dans la partie droite de la fenêtre, cherchez le dossier d'enregistrement souhaité et double-cliquez dessus ; vérifiez que votre double-clic a bien fonctionné et que votre dossier figure bien dans la ligne d'adresse en haut de la fenêtre

-   Une fois le nom et l'emplacement corrects, vous pouvez valider vos choix en cliquant sur le bouton *Enregistrer* situé en bas à droite de la fenêtre d'enregistrement, qui se refermera aussitôt.

De retour sur la fenêtre de votre document, regardez en haut dans la barre de titre de la fenêtre Word. Le nom que vous venez de donner à votre document apparaît, suivi du nom du programme utilisé.

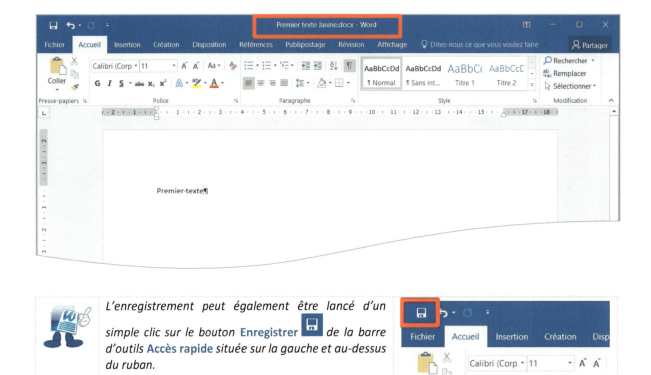

L'enregistrement peut également être lancé d'un simple clic sur le bouton Enregistrer 🖫 de la barre d'outils **Accès rapide** située sur la gauche et au-dessus du ruban.

Le premier enregistrement n'est que le premier pas : après cela, il vous faudra régulièrement enregistrer de nouveau votre document lorsque vous lui apporterez des modifications.

Ajouter par exemple les mots **en stage informatique** à la suite de votre prénom.

Enregistrer un document existant

Si vous avez apporté des modifications à votre document après l'avoir enregistré une première fois, vous voudrez alors l'enregistrer de nouveau pour ne pas perdre vos nouvelles modifications. Réenregistrer le document se déroule exactement de la même façon que pour le premier enregistrement : vous pouvez passer par la commande *Enregistrer* de l'onglet *Fichier* ou par le bouton *Enregistrer* 🖫 de la barre d'outils *Accès rapide*.

Cependant, après le premier enregistrement, Word n'ouvrira plus la boîte de dialogue d'enregistrement mais effectuera immédiatement et sans confirmation l'enregistrement de la nouvelle version de votre document à la place de l'ancienne version.

Cliquez par exemple sur le bouton *Enregistrer* 🖫 de la barre d'outils *Accès rapide* pour réenregistrer votre document. Comme vous pouvez le constater, Word se contente d'enregistrer sans ouvrir la fenêtre d'enregistrement.

Fermez votre document et quittez Word.

Exercice

Lancez Word par le bouton *Démarrer*.

Saisissez votre nom et votre prénom dans le document, suivi de votre ville de naissance

Enregistrez le document sous le nom **Informations personnelles VotrePrénom** et placez-le dans le dossier à votre nom créé sur le réseau.

Ajoutez votre année de naissance.

Réenregistrez le document.

Refermez le document.

 L'enregistrement sur OneDrive

Avec la version 2016 de Word, une autre forme d'enregistrement un peu particulière est proposée par Microsoft (qui est, rappelons-le, l'éditeur de Word) : l'enregistrement dans un dossier uniquement accessible par connexion Internet.

Il s'agit en fait d'utiliser un site Internet nommé *OneDrive* (https://onedrive.live.com) pour créer vos dossiers et y stocker vos fichiers dans la limite de place allouée (gratuitement) par Microsoft après inscription. On parle de « *Nuage* » ou de « *Cloud* ».

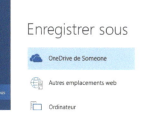

L'avantage par rapport à un enregistrement sur un disque local ou réseau ? Il semblera plus évident aux personnes nomades changeant régulièrement d'ordinateur : elles peuvent ainsi toujours accéder à leurs fichiers originaux depuis tout ordinateur disposant d'une connexion Internet.

La saisie

Nous allons maintenant procéder à la saisie d'un texte plus long que nos petits tests de départ. Avant d'aller plus loin, lisez attentivement les informations suivantes.

Le curseur

Le *curseur* est une barre noire verticale clignotante visible à l'écran (attention, il disparaît si du texte ou tout autre élément est sélectionné). Le texte saisi au clavier s'inscrit toujours à la position du curseur (également appelé *point d'insertion*).

Pour déplacer le curseur et le positionner à l'endroit voulu pour la saisie du texte, cliquez une fois à l'aide du bouton gauche de la souris (pointeur $\int$). Vous pouvez également utiliser les *flèches directionnelles* du clavier ↑ ← ↓ →

Ajouter du texte

Positionner le curseur à l'endroit où doit être effectué l'ajout du texte. Saisissez le texte (le texte éventuellement déjà présent se décale vers la droite) en laissant Word effectuer lui-même les retours à la marge gauche en fin de ligne (ne vous inquiétez pas, il fait cela très bien !).

Par contre, à la fin de chaque paragraphe, c'est à vous d'appuyer sur la touche *Entrée* ←┘ Entrée du clavier pour forcer le retour à la marge gauche.

Effacer du texte

Positionner le curseur et utiliser l'une des deux touches d'effacement du clavier :

- La touche ← pour effacer les caractères <u>à la gauche</u> du curseur

- La touche Suppr pour effacer les caractères <u>à la droite</u> du curseur

 Pour supprimer une grande longueur de texte, la sélectionner avant d'utiliser l'une des deux touches de suppression

Exercice

- Lancez Word
- Saisissez le texte figurant dans l'encadré ci-dessous.
- Enregistrez-le dans votre dossier sous le nom **Droits de l'homme VotrePrénom**.

DECLARATION·DES·DROITS·DE·L'HOMME·ET·DU·CITOYEN·¶

Adoptée·par·l'Assemblée·constituante·du·20·au·26·août·1789,·acceptée·par·le·roi·le·5·octobre·1789.¶

Les·représentants·du·peuple·français,·constitués·en·Assemblée·nationale,·considérant·que· l'ignorance,·l'oubli·ou·le·mépris·des·droits·de·l'homme·sont·les·seules·causes·des·malheurs·publics·et· de·la·corruption·des·gouvernements,·ont·résolu·d'exposer,·dans·une·Déclaration·solennelle,·les·droits· naturels,·inaliénables·et·sacrés·de·l'homme,·afin·que·cette·Déclaration,·constamment·présente·à·tous· les·membres·du·corps·social,·leur·rappelle·sans·cesse·leurs·droits·et·leurs·devoirs;·afin·que·les·actes· du·pouvoir·législatif,·et·ceux·du·pouvoir·exécutif·pouvant·à·chaque·instant·être·comparés·avec·le·but· de·toute·institution·politique,·en·soient·plus·respectés;·afin·que·les·réclamations·des·citoyens,· fondées·désormais·sur·des·principes·simples·et·incontestables,·tournent·toujours·au·maintien·de·la· Constitution·et·au·bonheur·de·tous.·¶

En·conséquence,·l'Assemblée·nationale·reconnaît·et·déclare,·en·présence·et·sous·les·auspices·de· l'Être·suprême,·les·droits·suivants·de·l'homme·et·du·citoyen·:·¶

Article·premier·--·Les·hommes·naissent·et·demeurent·libres·et·égaux·en·droits.·Les·distinctions· sociales·ne·peuvent·être·fondées·que·sur·l'utilité·commune.¶

Curseur, lignes et paragraphes

Vous venez de saisir le texte ci-dessus. Voyons de plus près comment il se présente.

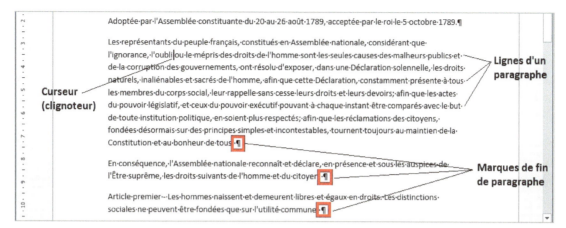

Les lignes

Lorsque vous avez créé le document, vous n'aviez qu'une seule ligne sur laquelle était positionné le curseur. Les autres lignes se sont créées au fur et à mesure de la frappe du texte.

Par défaut, la longueur d'une ligne équivaut à la distance entre la marge gauche et la marge droite du document. Le texte s'est automatiquement organisé sur cette longueur.

Les paragraphes

Un paragraphe peut être constitué d'une ou plusieurs lignes. Le signe ¶ marque la fin de chaque paragraphe dans le document. Vous créez un paragraphe à chaque appui sur la touche *Entrée* ⬅ Entrée du clavier. Cette action a pour effet de marquer la fin du paragraphe et le retour du curseur à la marge gauche.

Ajouter du texte

Nous allons rajouter du texte à la fin de notre document. La première chose à faire est donc de positionner le curseur à la fin de la dernière phrase ; pour ce faire, visez puis cliquez une fois à droite du mot **commune** pour y positionner le curseur. Appuyez une fois sur la touche *Entrée* ⬅ Entrée du clavier pour créer une nouvelle ligne sur laquelle saisir le texte suivant :

Article II - Le but de toute association est la conservation des droits imprescriptibles de l'homme. Ces droits sont la liberté, la propriété, la sûreté, et la résistance à l'oppression.

Article III - Le principe de toute véritable souveraineté réside essentiellement dans la nation. Nul corps, nul individu ne peut exercer d'autorité qui n'en émane spécifiquement.

Article IV - La liberté consiste à faire tout ce qui ne nuit pas aux autres : ainsi l'exercice des droits de chaque homme n'a de bornes que celles qui assurent aux membres de la société la jouissance de ces droits. Ces bornes ne peuvent vraiment être déterminées que par la loi.

Exercice

Corriger le texte saisi ci-dessus en **rajoutant les mots soulignés** et en **supprimant les mots barrés**.

Article II - Le but de toute association <u>politique</u> est la conservation des droits <u>naturels et</u> imprescriptibles de l'homme. Ces droits sont la liberté, la propriété, la sûreté, et la résistance à l'oppression.

Article III - Le principe de toute ~~véritable~~ souveraineté réside essentiellement dans la nation. Nul corps, nul individu ne peut exercer d'autorité qui n'en émane ~~spécifiquement~~ <u>expressément</u>.

Article IV - La liberté consiste à faire tout ce qui ne nuit pas ~~aux autres~~ <u>à autrui</u>: ainsi l'exercice des droits <u>naturels</u> de chaque homme n'a de bornes que celles qui assurent aux <u>autres</u> membres de la société la jouissance de ces <u>mêmes</u> droits. Ces bornes ne peuvent ~~vraiment~~ être déterminées que par la loi.

Cliquez sur le bouton *Enregistrer* 🖫 de la barre d'outils *Accès rapide* puis cliquez sur la croix de fermeture ⊠ pour refermer le document.

Ouvrir un document Word

Nous avons refermé notre document **Droits de l'homme VotrePrénom** . Il s'agit à présent de le rouvrir pour continuer nos modifications. Deux méthodes s'offrent à nous, différentes selon que Word est déjà ouvert ou non.

Ouvrir un fichier au lancement de Word

- Lancez Word
- La fenêtre d'accueil s'affiche à l'écran

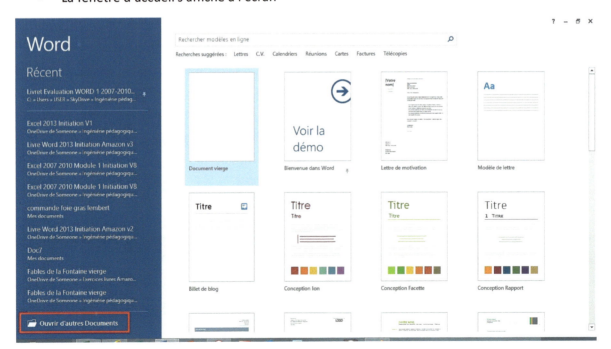

- Si le fichier est un fichier récemment travaillé, il s'affiche sous la liste *Récent* dans la partie gauche de la fenêtre : cliquez simplement dessus pour l'ouvrir

- Si le fichier est un fichier plus ancien, cliquez sur **Ouvrir d'autres Documents** en bas de la liste

- La fenêtre *Ouvrir* s'affiche à l'écran ; cliquez sur *Ordinateur* puis sur le bouton *Parcourir* (ou, s'il y est affiché, cliquez tout simplement sur le dossier dans la liste *Dossiers récents* affichée sur la droite de la fenêtre)

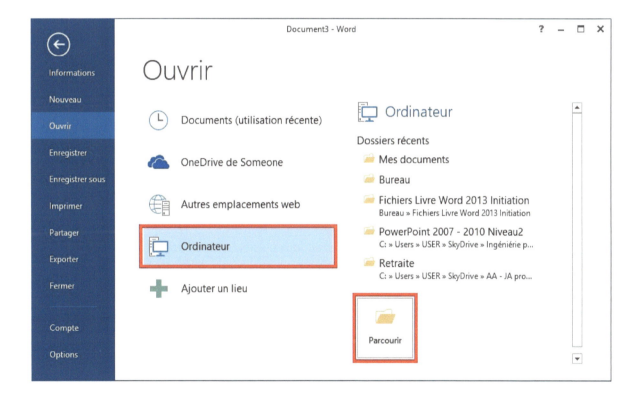

- Dans la nouvelle fenêtre qui s'affiche à l'écran, utilisez la liste de gauche pour sélectionner le dossier dans lequel vous avez enregistré votre classeur

- Dans la partie droite de la fenêtre, double-cliquez sur votre fichier pour l'ouvrir

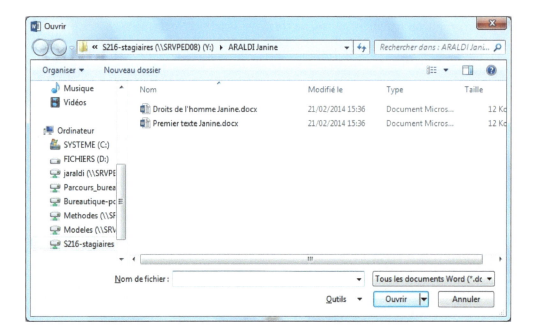

Lorsque que Word est déjà ouvert

Si Word est déjà ouvert, seul le début de la procédure précédente diffère, le reste demeure identique :

- Activez l'onglet *Fichier* et cliquez sur *Ouvrir*

- Comme précédemment, la fenêtre *Ouvrir* s'affiche à l'écran : cliquez sur *Ordinateur* puis sur *Parcourir*, puis sélectionnez le dossier contenant le fichier à ouvrir avant de double-cliquer sur le fichier

Par l'une ou l'autre des deux méthodes d'ouverture décrites ci-dessus, rouvrez votre document **Droits de l'homme VotrePrénom**. Ajoutez le texte suivant à la fin du document :

> Article V - La loi n'a le droit de défendre que les actions nuisibles à la société. Tout ce qui n'est pas défendu par la loi ne peut être empêché, et nul ne peut être contraint à faire ce qu'elle n'ordonne pas.

Nous voulons à présent saisir un nouveau texte, mais sans pour autant refermer le document **Droits de l'homme VotrePrénom** sur lequel nous comptons revenir très vite.

Créer un nouveau document

Pour rappel, Word vous propose un nouveau document à chaque fois que vous le lancez. Mais lorsque Word est déjà ouvert, il reste bien sûr possible de créer un nouveau document sans avoir à quitter puis relancer le logiciel. Pour ce faire, suivez les instructions ci-dessous :

- Activez l'onglet *Fichier* et cliquez sur *Nouveau*
- Cliquez sur *Document vierge*

Dans le nouveau document ouvert à l'écran, saisissez le texte suivant :

LE·CORBEAU·ET·LE·RENARD¶

¶

Maître·Corbeau,·sur·un·arbre·perché,¶

Tenait·en·son·bec·un·fromage.¶

Maître·Renard,·par·l'odeur·alléché,¶

Lui·tint·à·peu·près·ce·langage·:¶

"Hé·!·bonjour,·Monsieur·du·Corbeau.¶

Que·vous·êtes·joli·!·que·vous·me·semblez·beau·!¶

Sans·mentir,·si·votre·ramage¶

Se·rapporte·à·votre·plumage,¶

Vous·êtes·le·Phénix·des·hôtes·de·ces·bois."¶

A·ces·mots·le·Corbeau·ne·se·sent·pas·de·joie·;¶

Et·pour·montrer·sa·belle·voix,¶

Il·ouvre·un·large·bec,·laisse·tomber·sa·proie.¶

Le·Renard·s'en·saisit,·et·dit·:·"Mon·bon·Monsieur,¶

Apprenez·que·tout·flatteur¶

Vit·aux·dépens·de·celui·qui·l'écoute·:¶

Cette·leçon·vaut·bien·un·fromage,·sans·doute.·"¶

Le·Corbeau,·honteux·et·confus,¶

Jura,·mais·un·peu·tard,·qu'on·ne·l'y·prendrait·plus.¶

Enregistrez ce document dans votre dossier, sous le nom **Fable Le Corbeau et le renard VotrePrénom**.

Refermez le document. Le document **Droits de l'homme VotrePrénom**, qui se trouvait en arrière-plan caché derrière le fichier **Fable Le Corbeau et le renard VotrePrénom** redevient visible.

A présent, rouvrez le document **Fable Le Corbeau et le renard VotrePrénom** pour le modifier : sous le texte déjà saisi précédemment, ajoutez une ligne vide de séparation suivie du texte ci-dessous :

Réenregistrez mais ne refermez pas encore votre document. Regardez dans la *barre des tâches Windows* (pour rappel, la barre des tâches est la barre tout en bas de votre écran sur laquelle vous trouvez le bouton *Démarrer* de Windows).

Passer d'un document à un autre

Un icône Word est visible ![icon] et montre (assez discrètement) que deux fichiers sont ouverts par son aspect superposé. Si vous visez cet icône à l'aide de votre souris, vous verrez s'afficher des miniatures des documents ouverts. Un clic sur l'une de ces miniatures vous permet de passer d'un document à l'autre.

Pour information, vous pouvez également passer par l'onglet *Affichage* pour afficher la liste des documents ouverts et passer de l'un à l'autre :

- Cliquez sur l'onglet *Affichage*
- Dans le groupe *Fenêtre*, cliquez sur le bouton *Changer de fenêtre* puis cliquez sur le fichier à afficher

Changer de
fenêtre ▾

Refermez maintenant le document **Fable le corbeau et le renard VotrePrénom**. A nouveau, le document **Droits de l'homme VotrePrénom** redevient visible. C'est le seul document ouvert, l'icône Word en barre des tâches Windows a donc pris un aspect légèrement différent ![icon] en perdant son effet de superposition

La fenêtre Word

Il est temps à présent d'étudier de plus près la fenêtre Word.

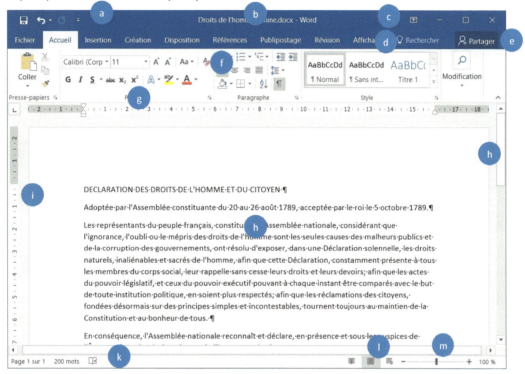

a	Barre d'outils Accès rapide	h	Barre de défilement verticale
b	Barre de titre (affiche le nom du document actif)	i	Règle verticale
c	Boutons Options du ruban, Réduire, Agrandir et Fermer de la fenêtre	j	Zone de saisie du texte
d	Zone de recherche d'aide	k	Barre d'état
e	Bouton de partage du document en ligne (Cloud)	l	Modes d'affichage du document
f	Ruban et ses onglets	m	Zoom d'affichage
g	Règle horizontale		

La barre d'outils Accès rapide

Il s'agit de la petite barre que vous voyez en haut à gauche de votre écran. Cette barre est là pour vous aider à cliquer très rapidement sur les boutons que vous utilisez souvent.

Par défaut, elle ne contient que trois outils : le bouton *Enregistrer*, que nous avons déjà utilisé, le bouton *Annuler* et le bouton *Répéter*. C'est peu, mais il faut savoir que vous pouvez très facilement ajouter vos propres boutons à cette petite barre.

 Si la barre d'outils a déjà été personnalisée et se présente différemment de celle représentée ci-dessus, effectuez les manipulations suivantes :
Cliquer sur le bouton ⏷ à droite de la barre d'outils puis cliquez sur *Autres commandes*.
En bas à droite de la fenêtre ouverte à l'écran, cliquez sur le bouton Réinitialiser puis sur la commande *Réinitialiser uniquement la barre d'outils Accès rapide*

Personnaliser la barre d'outils Accès rapide

Nous allons personnaliser la barre d'outils en y ajoutant par exemple deux outils indispensables à notre confort : le bouton *Aperçu avant impression* 🔍 et le bouton *Impression rapide* 🖨. Pour ce faire, il vous faut cliquer sur le bouton *Personnaliser la barre d'outils Accès rapide* ▾ situé à la droite de la barre ; une liste de commandes s'affiche. Cliquez sur la commande *Aperçu avant impression*. Le bouton 🔍 s'ajoute à la barre d'outils.

Recliquez à présent sur le bouton ▾ et ajoutez à son tour le bouton *Impression rapide* 🖨. La barre d'outils *Accès rapide* se présente maintenant ainsi :

Mais il nous manque encore un bouton important : celui qui nous permettrait de créer un nouveau fichier plus rapidement qu'en utilisant la méthode indiquée plus haut. A nouveau, cliquer sur le bouton

▾ et ajoutez également le bouton *Nouveau* 📄.

Et voici votre barre d'outils telle qu'elle devrait se présenter :

 Pour ajouter rapidement un bouton présent sur le ruban à la barre d'outils **Accès rapide**, *vous pouvez également utiliser un raccourci : visez le bouton, cliquez dessus à l'aide du bouton droit de votre souris puis cliquez sur la commande* **Ajouter à la barre d'outils Accès rapide.**

Pour supprimer un bouton de la barre d'outils *Accès rapide*, cliquez sur le bouton à l'aide du bouton droit de la souris puis cliquez gauche sur la commande *Supprimer de la barre d'outils Accès rapide*.

Le ruban et ses onglets

Le *ruban* contient tous les outils dont vous avez besoin pour travailler, organisés en *onglets* eux-mêmes subdivisés en *groupes* de boutons.

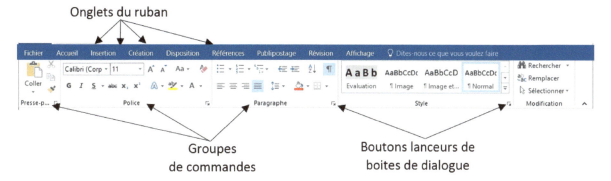

Onglets du ruban

Groupes
de commandes

Boutons lanceurs de
boites de dialogue

Les boutons lanceurs

Certains groupes disposent d'un *bouton lanceur* ⌐ qui vous permettra d'accéder à une *boite de dialogue* contenant davantage d'options que celles proposées par le ruban.

Cliquez par exemple sur le bouton lanceur du groupe *Paragraphe*. La boite de dialogue *Paragraphe* apparaît. Elle contient par exemple des options, non proposées sur le ruban, qui vous permettront d'ajouter un espace au-dessus et en-dessous les paragraphes ou la possibilité d'empêcher des lignes de texte d'être séparées sur deux pages différentes (options situées dans l'onglet *Enchaînement*).

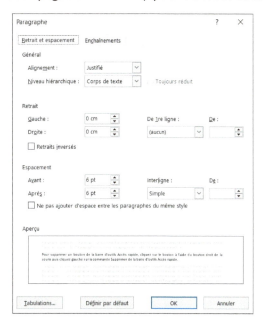

Pour refermer la boite de dialogue, cliquez sur le bouton *Annuler* [Annuler] ou sur le bouton de fermeture en haut à droite de la barre de titre.

 Personnaliser le ruban

Vous ne pouvez pas personnaliser des groupes existants du ruban mais vous pouvez par contre :

- Déplacer les onglets prédéfinis pour en redéfinir l'ordre
- Supprimer ou rajouter un groupe entier dans un onglet prédéfini ou personnel
- Créer de nouveaux onglets

Ouvrir la fenêtre de personnalisation du ruban

Dans l'onglet *Fichier*, cliquez sur le bouton *Options* puis sur *Personnaliser le ruban* (ou cliquez droit sur un onglet du ruban puis cliquez sur *Personnaliser le ruban).* La fenêtre ci-dessous apparait :

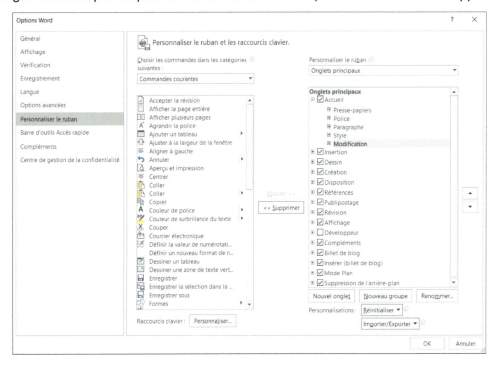

Ajouter un nouveau groupe à un onglet existant

- Dans la colonne de droite, sélectionnez l'onglet à personnaliser (par exemple l'onglet *Disposition*)

- Cliquez sur le bouton Nouveau groupe

- Cliquez sur le bouton Renommer... pour nommer le groupe et saisissez le nom du groupe (par exemple saisissez votre prénom)
  Si vous ne voyez pas le bouton *Renommer*, agrandissez la largeur de la fenêtre en cliquant-glissant sur sa bordure droite.

- Utilisez les boutons ▲ ou ▼ pour repositionner le groupe parmi les autres groupes existants

Ajouter un bouton à un nouveau groupe

- Sélectionnez la commande dans la colonne de gauche (si nécessaire, sélectionnez préalablement la catégorie)

- Utilisez le bouton Ajouter >> (vous pouvez également faire glisser la commande jusqu'à la colonne de droite sous l'onglet existant voulu). Le bouton se rajoute au groupe.

Supprimer un groupe

- Sélectionner le groupe et cliquez sur le bouton << Supprimer

Réinitialiser le ruban

Si vous voulez supprimer toutes vos personnalisations et revenir à l'état initial du ruban, procédez comme suit :

- Dans l'onglet *Fichier*, cliquez sur le bouton *Options* puis sur *Personnaliser le ruban* (ou cliquez droit sur un onglet du ruban puis cliquez sur *Personnaliser le ruban).*

- Cliquez sur le bouton *Réinitialiser* en bas à droite puis sur *Réinitialiser toutes les personnalisations*

La règle

La règle graduée au-dessus de la page est un élément très important de Word car c'est par elle que nous pouvons placer le texte dans la largeur de la page. Nous l'étudierons attentivement plus loin dans ce manuel.

La règle verticale, quant à elle, est surtout utile pour repérer la position du texte dans la hauteur de la page ou dans les tableaux. Elle est située sur le gauche de la page.

La barre de défilement

Word dispose de deux *barres de défilement* permettant de descendre ou de remonter dans les pages du document :

- la barre de défilement verticale, visible à droite de la fenêtre

- la barre horizontale, parfois visible en bas de la fenêtre du document (la barre horizontale n'apparait cependant que si l'écran est trop étroit pour afficher la page dans toute sa largeur)

Utilisation de la barre de défilement verticale

- Les boutons en haut et en bas de la barre [▲] [▼] permettent de faire défiler votre texte ligne à ligne

- Faites glisser le curseur de défilement (ascenseur) ☐ vers le haut ou vers le bas pour un défilement rapide dans le document

Le zoom et les boutons d'affichage

Le *zoom* est situé en bas à droite de la fenêtre Word et vous permet de régler la taille d'affichage de votre document à l'écran. Pour changer le pourcentage d'affichage, cliquez sur le signe − pour diminuer, sur le signe + pour augmenter ou faites glisser le curseur ╈ pour un changement plus rapide.

Notez que les réglages effectués n'influent en rien sur la façon dont votre document s'imprimera.

Les boutons d'affichage 📖 📄 🌐 vous permettent quant à eux de choisir la façon dont votre document s'affiche : le mode *Lecture à l'écran* 📖 (affichage du texte sans les marges), le mode *Page* 📄 (avec les marges visibles) et le mode *Web* 🌐 (affichage de la page comme sur Internet).

Le mode d'affichage par défaut pour travailler est le mode *Page* 📄, revenez à cet affichage si vous l'avez quitté.

Pour tester toutes les différentes options d'affichage du document, vous pouvez passer par l'onglet **Affichage** du ruban et utiliser les boutons des groupes **Affichages document** et **Zoom**

La barre d'état

Située tout en bas et sur toute la largeur de la fenêtre Word, la *barre d'état* affiche certaines informations utiles concernant votre document et son contenu : le numéro de la page active, le nombre de pages, le nombre de mots…

Page 37 sur 131   27762 mots   📖☒

La barre d'état est personnalisable et il est possible d'afficher d'autres informations : cliquez sur un endroit libre de la barre à l'aide du bouton droit de votre souris pour afficher la liste des informations disponibles.

Activez par exemple *Position verticale* pour connaître la position de votre curseur dans la page par rapport au bord supérieur de la feuille.

La fenêtre Word présente encore d'autres fonctionnalités intéressantes, que nous découvrirons au fur et à mesure que nous avançons dans nos manipulations. Pour l'heure, nous allons nous occuper des fautes d'orthographe ou de grammaire que vous pourriez involontairement saisir dans votre texte et qui seraient, disons-le clairement, du plus mauvais effet.

L'orthographe et la grammaire

Heureusement, Word met des outils de vérification à notre disposition pour éviter ce genre de « coquilles ». Vous pouvez vérifier l'orthographe et la grammaire d'un document en une seule fois, ou laisser les vérificateurs signaler les fautes au fur et à mesure de votre saisie.

La vérification au cours de la frappe

Commençons par la vérification la plus évidente, celle qui se voit immédiatement à l'écran à mesure que nous saisissons.

Créez un nouveau document vierge et saisissez le texte suivant tel qu'il est écrit, fautes comprises, en taille standard de police.

C'était le printemp de mes 10 ans et il a fait si beau et chaud cette anée-là que mes amis Claudio, Siska et moi avions espéré pouvoir vivre en maillot de bain auprès des piscine l'été antier.

Enregistrez le document sous le nom **Vérification VotrePrénom** dans votre dossier personnel.

Lorsque la vérification au cours de la frappe est activée, l'icône suivante est affichée 📖 en *barre d'état* de Word (barre en bas de la fenêtre Word). Plus important, les fautes repérées dans votre texte sont instantanément indiquées par des traits de soulignement ondulés de couleurs différentes selon le type d'erreur :

- **soulignement rouge** pour les fautes d'orthographe,
- **soulignement bleu** pour les fautes de grammaire et de ponctuation.

Pour corriger les fautes signalées, cliquez avec le bouton droit de la souris sur un terme souligné pour voir les corrections proposées par Word.

Occupons-nous par exemple du mot **printemp**, pour lequel nous avons fait une faute d'orthographe et qui est donc souligné en rouge. Visez le mot et effectuez un clic droit de votre souris, puis cliquez gauche sur le mot **printemps** proposé dans la liste qui s'affiche (attention, il peut arriver que Word ne vous propose aucune orthographe et que vous deviez effectuer la correction manuellement).

Recommencez pour le mot **antier**, qui est également une faute d'orthographe, et corrigez en **entier**.

A présent, voyons le mot **Siska**, qui est également signalé comme faute d'orthographe. Vous allez là aussi cliquer droit dessus, mais cette fois vous cliquerez sur *Ignorer tout* pour Indiquer à Word qu'il peut arrêter de vous signaler ce mot en rouge.

A noter que la commande *Ignorer tout* ne s'applique que durant la session Word en cours. Lors de la prochaine vérification, le mot sera de nouveau signalé comme faute d'orthographe. Pour éviter cela, choisissez plutôt de l'ajouter à la liste des mots reconnus par Word en cliquant sur l'option *Ajouter au dictionnaire*.

A présent, voyons notre faute de grammaire : cliquez droit sur **des piscine** pour afficher la liste des corrections possibles, puis cliquez gauche sur la correction proposée **de la piscine**.

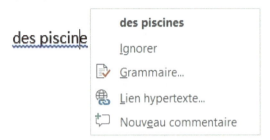

Si vous êtes curieux de connaître la règle appliquée par Word, rétablissez la faute et cliquez sur Grammaire... : le *volet Grammaire* s'affiche à droite de l'écran, avec une explication sur la règle grammaticale appliquée et quelques exemples. Pour refermer le volet Grammaire, cliquez sur sa croix de fermeture.

 Petite mise au point sur les soulignements bleus : Word est très performant en termes de correction orthographique mais en ce qui concerne la grammaire, les choses sont moins évidentes. Si vous pensez que Word se trompe, vous pouvez ignorer les corrections proposées.

Activer / Désactiver la vérification en cours de frappe

Si cela vous gêne, vous pouvez bien sûr choisir de ne pas visualiser vos fautes à l'écran au fur et à mesure de votre saisie et préférer lancer vous-même la vérification sur tout le texte au moment de votre choix.

Options pour l'orthographe et la grammaire

- Cliquez sur l'onglet *Fichier*, puis sur le bouton *Options*
- Sélectionnez *Vérification* dans la liste des rubriques à gauche de la fenêtre
- Sous *Pendant la correction orthographique et grammaticale dans Word*, désactivez *Vérifier l'orthographe au cours de la frappe* ou *Vérifier la grammaire au cours de la frappe*

Pendant la correction orthographique et grammaticale dans Word

☑ Vérifier l'orthographe au cours de la frappe
☑ Vérifier la grammaire au cours de la frappe
☑ Mots souvent confondus

Pour les besoins de la formation, merci de laisser cochées ces deux options.

Définir une autre langue pour la vérification de l'orthographe

Certains d'entre nous doivent parfois travailler dans une autre langue, par exemple en anglais. Il faut savoir que Word est automatiquement doté d'un dictionnaire de langue anglaise et que vous pouvez l'utiliser lorsque vous voulez vérifier votre orthographe ou votre grammaire.

Dans votre document **Vérification VotrePrénom** créé précédemment, insérez quelques lignes vides puis saisissez le texte suivant, fautes comprises :

My taillor is not very rich but my garden are beautiful. So is my lefft foot.

Vous devez maintenant indiquer à Word que cette portion de texte est en anglais : sélectionnez votre texte et ouvrez la fenêtre des langues :

- Dans l'onglet *Révision*, déroulez le bouton *Langue* et cliquez sur l'option *Définir la langue de vérification*
- La fenêtre suivante s'affiche et vous pouvez choisir vous-même la langue, sachant que seules les langues marquées par le symbole sont installées :

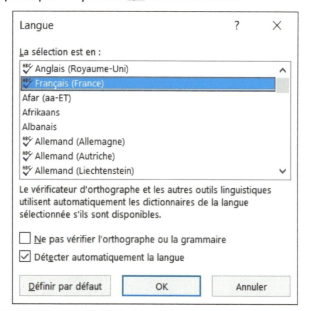

 Si vous écrivez plus souvent en anglais ou en espagnol qu'en français, vous pouvez définir une autre langue par défaut en la sélectionnant dans la liste et en cliquant sur le bouton Définir par défaut (ici, merci de ne pas changer la langue par défaut sur votre poste)

Si vous cochez l'option Détecter automatiquement la langue, Word tentera de détecter en quelle langue vous écrivez votre texte afin de basculer automatiquement du français vers l'anglais ou inversement au fur et à mesure de votre saisie.

Corrigez les fautes de la même façon que vous l'avez fait plus tôt en langue française pour obtenir le résultat suivant :

My tailor is not very rich but my garden is beautiful. So is my left foot.

Enregistrez et refermez votre document **Vérification VotrePrénom** et ouvrez le document **Fables de la Fontaine** pour la suite des manipulations.

La vérification globale du document

Si vous préférez ne pas vous arrêter chaque fois que vous voyez des soulignements ondulés ou que vous avez choisi de désactiver la vérification en cours de frappe, vous pouvez demander à Word de vérifier l'orthographe et la grammaire en une seule opération après avoir terminé la rédaction de votre document.

Dans ce cas, il vous suffit de cliquer sur le bouton *Grammaire et orthographe* dans l'onglet *Révision*. Le *volet Orthographe* s'affiche automatiquement sur la droite de l'écran :

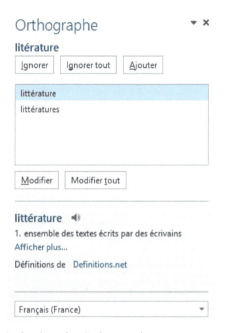

La faute est signalée en haut de la fenêtre (ici **littérature**).

Tout comme vous l'avez fait plus tôt, vous pouvez remplacer le mot mal orthographié par une des corrections proposées :

- Cliquez sur la suggestion qui vous convient (ici **littérature**)
- Cliquez sur le bouton *Modifier* (correction unique du mot à cet endroit du texte) ou sur le bouton *Modifier tout* (correction de toutes les occurrences du mot dans l'ensemble du document)

Vous pouvez aussi vouloir conserver le mot tel que vous l'avez saisi :

- Cliquez sur *Ignorer* pour ne pas corriger le mot à cet endroit du texte
- Cliquez sur *Ignorer tout* pour ne pas le corriger ici et partout ailleurs dans le document
- Cliquez sur *Ajouter* s'il s'agit d'un mot technique ou d'un nom propre correctement orthographié que vous souhaitez ajouter au dictionnaire

---

 ## Le dictionnaire personnel

Nous avons vu qu'il est possible d'ajouter des mots au dictionnaire. Sachez cependant que vous rajoutez ces mots non pas au dictionnaire principal de Word, mais à un dictionnaire personnel lié à l'utilisateur.

Si vous avez ajouté un mot par erreur à ce dictionnaire, voici comment procéder pour ouvrir ce dictionnaire et accéder à la liste des mots que vous y avez rajoutés :

- Dans l'onglet *Fichier*, cliquez sur le bouton *Options*
- Sélectionnez la rubrique *Vérification* dans la colonne de gauche
- Cliquez sur le bouton *Dictionnaires personnels*. La fenêtre ci-dessous s'affiche à l'écran : cliquez sur le bouton *Modifier la liste des mots* pour retirer le mot ajouté par erreur.

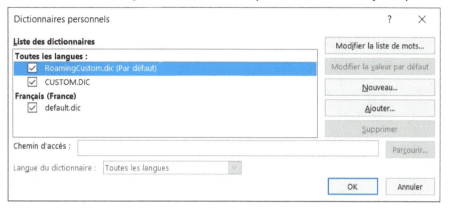

Les synonymes

Il existe un autre type de dictionnaire, qui nous évite celui-là les répétitions dans un texte. Il s'agit du dictionnaire des synonymes. Pour l'utiliser, le plus simple est d'effectuer un clic droit sur le mot concerné et de cliquer sur *Synonymes* : une liste de synonymes possibles s'affiche, dans laquelle il vous suffit de choisir.

Ouvrez par exemple votre document **Les droits de l'homme VotrePrénom** et effectuez un clic droit de la souris sur le mot **corruption**. Pour le remplacer par une des propositions de Word, il vous suffit de cliquer sur l'un des mots proposés dans la liste.

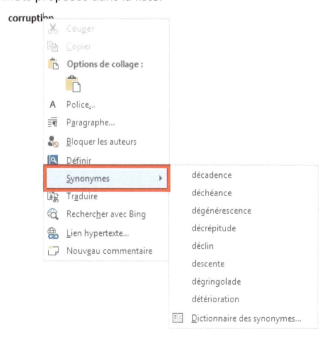

Pour une recherche plus large de synonymes possibles, n'hésitez pas à cliquer sur Dictionnaire des synonymes et à utiliser le volet Dictionnaire des synonymes qui s'ouvrira sur la droite de votre écran

Il est temps maintenant de commencer à mettre en forme notre texte, c'est-à-dire le présenter de façon plus agréable. Si ce n'est pas déjà fait, ouvrez votre document **Les droits de l'homme VotrePrénom**.

La mise en forme de la police

Jusqu'à présent, nous nous sommes contentés de saisir le texte sans nous soucier de son apparence. En fait, c'est toujours ainsi qu'il faudra procéder car par souci d'efficacité et de rapidité, la mise en forme s'effectue après la saisie du texte « 'au kilomètre », c'est-à-dire en ne faisant que ce qui est faisable par le clavier (texte, majuscules, ponctuation, retours à la ligne et lignes vides).

Nous allons commencer par modifier l'aspect des mots eux-mêmes, c'est-à-dire procéder à une mise en forme de la *police*. Pour cela, activez l'onglet *Accueil* du ruban et regardez de plus près le groupe *Police*, qui nous concerne ici.

Calibri (Corps ▾	**Bouton *Police*** La police détermine la forme des lettres. Les polices les plus couramment utilisées sont *Calibri*, *Arial* et *Times New Roman* Cliquer sur la flèche déroulante ▾ pour obtenir la liste des polices disponibles
11 ▾	**Bouton *Taille de police*** La taille détermine la hauteur et la largeur des lettres de la police sélectionnée. La taille normale d'un texte varie de **10** à **12points** selon l'effet produit par la police (certaines paraissant plus petites que d'autres). Cliquer sur la flèche déroulante ▾ pour obtenir la liste des tailles
A˙ A˅	**Boutons *Augmenter la taille de la police* et bouton *Diminuer la taille de la police*.** Ces deux boutons sont une alternative au précédent bouton *Taille*, vous pouvez cliquer dessus autant de fois que nécessaire jusqu'à atteindre la taille voulue
Aa ▾	**Bouton *Modifier la casse*** Ce bouton permet de faire passer le texte sélectionné de minuscule en majuscule ou inversement (cliquer sur la flèche déroulante ▾ pour obtenir la liste des possibilités)
✎	**Bouton *Effacer la mise en forme*** Permet de revenir à du texte brut
G	**Bouton *Gras*** : le texte est plus **épais**
I	**Bouton *Italique*** : le texte est *penché*
S̲ ▾	**Bouton *Soulignement*** : le texte est <u>souligné</u> (cliquer sur la flèche déroulante ▾ pour obtenir une liste de différents types de soulignements)
a̶b̶c̶	**Bouton *Barré*** : le texte est ~~barré~~ d'un trait en son milieu

$\mathbf{x_2}$ $\mathbf{x^2}$	Bouton *Indice* et bouton *Exposant* Ces deux boutons permettent d'ajouter des caractères plus petits en dessous ou au-dessus de la ligne de texte. Exemples : **H_2O** ou **Mètre³**
▾	Bouton *Effets de texte* : ajoute des mises en forme plus poussées sur le texte telles que des effets d'ombre ou de reflets
▾	Bouton **Couleur de surbrillance** (cliquer sur la flèche déroulante ▾ pour choisir la couleur du surlignage)
A ▾	Bouton **Couleur de police** (cliquer sur la flèche déroulante ▾ pour choisir la couleur de la police)

A noter que lorsque vous sélectionnez du texte, une mini barre d'outils apparaît près du texte sélectionné. Vous pouvez utiliser les boutons qu'elle propose pour effectuer certaines des mises en forme les plus fréquemment utilisées.

L'apparition de la **mini barre d'outils** lorsque l'on sélectionne du texte peut s'avérer gênante. Sachez cependant que vous pouvez la désactiver dans les options générales de Word en suivant la procédure suivante :

- Cliquez sur l'onglet *Fichier* puis sur le bouton *Options*
- Dans la fenêtre qui s'affiche à l'écran, sélectionnez la première rubrique *Général* dans la liste de gauche
- Désactivez l'option ☑ Afficher la mini barre d'outils lors de la sélection ⓘ

Le premier texte à mettre en forme est le titre **DÉCLARATION DES DROITS DE L'HOMME ET DU CITOYEN**. Avant toute chose, nous devons le sélectionner afin d'indiquer à Word que c'est cette portion de texte avec laquelle nous voulons travailler.

Comme il s'agit d'une ligne entière, le plus simple pour la sélectionner est de positionner (sans cliquer) notre souris sur la gauche du titre, à peu près à un centimètre de distance, jusqu'à voir le pointeur se changer en flèche oblique blanche. Cliquez une fois, toute la ligne de titre est instantanément sélectionnée.

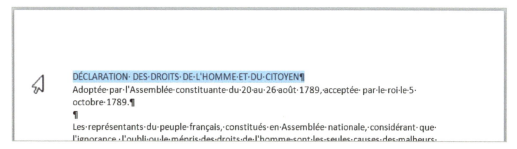

A l'aide des boutons décrits ci-dessus, effectuez la mise en forme suivante :
- Police **Impact**
- Taille 20
- Couleur Bleue

Vous obtenez l'effet suivant :

DÉCLARATION DES DROITS DE L'HOMME ET DU CITOYEN¶

Adoptée par l'Assemblée constituante du 20 au 26 août 1789, acceptée par le roi le 5 octobre 1789 ¶

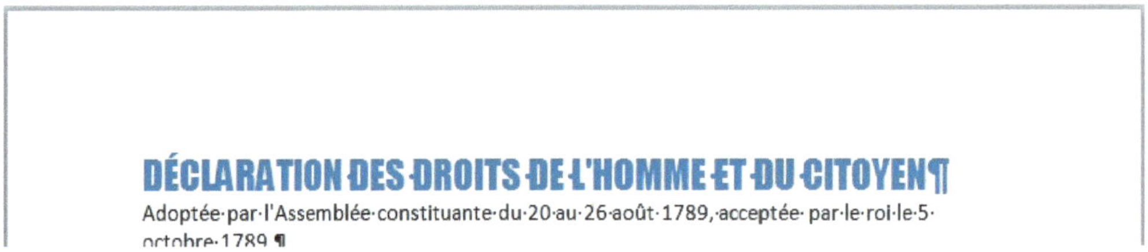

Sélectionnez à présent le texte **Adoptée par l'Assemblée… 1789**

- Taille 10
- Couleur bleue
- Italique

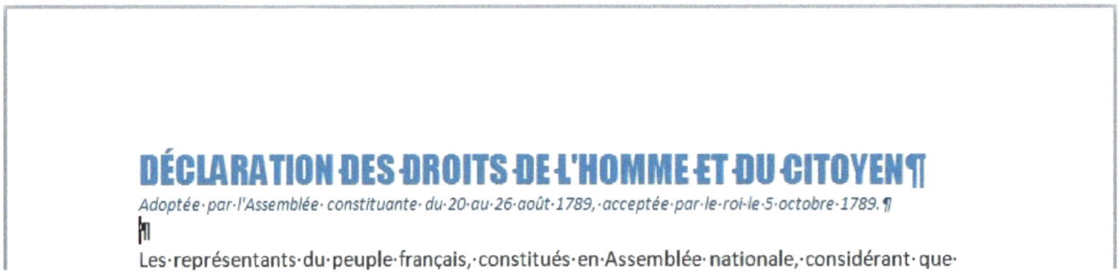

Vous obtenez l'effet suivant :

DÉCLARATION DES DROITS DE L'HOMME ET DU CITOYEN¶

Adoptée par l'Assemblée constituante du 20 au 26 août 1789, acceptée par le roi le 5 octobre 1789. ¶

¶

Les représentants du peuple français, constitués en Assemblée nationale, considérant que

A présent, à vous de jouer : prenez exemple sur le texte ci-dessous et mettez-le en forme en utilisant les boutons adéquats décrits plus haut.

DÉCLARATION DES DROITS DE L'HOMME ET DU CITOYEN¶

Adoptée par l'Assemblée constituante du 20 au 26 août 1789, acceptée par le roi le 5 octobre 1789. ¶

¶

Les représentants du peuple français, constitués en Assemblée nationale, considérant que **l'ignorance, l'oubli ou le mépris** des droits de l'homme sont les seules causes des malheurs publics et de la corruption des gouvernements, ont résolu d'exposer, dans une ***Déclaration solennelle***, les droits naturels, inaliénables et sacrés de l'homme, afin que cette Déclaration, constamment présente à tous les membres du corps social, leur rappelle sans cesse leurs droits et leurs devoirs; afin que les actes du pouvoir législatif, et ceux du pouvoir exécutif pouvant à chaque instant être comparés avec le but de toute *institution politique*, en soient plus respectés; afin que les *réclamations des citoyens*, fondées désormais sur des principes simples et incontestables, tournent toujours au maintien de la Constitution et au bonheur de tous. ¶

¶

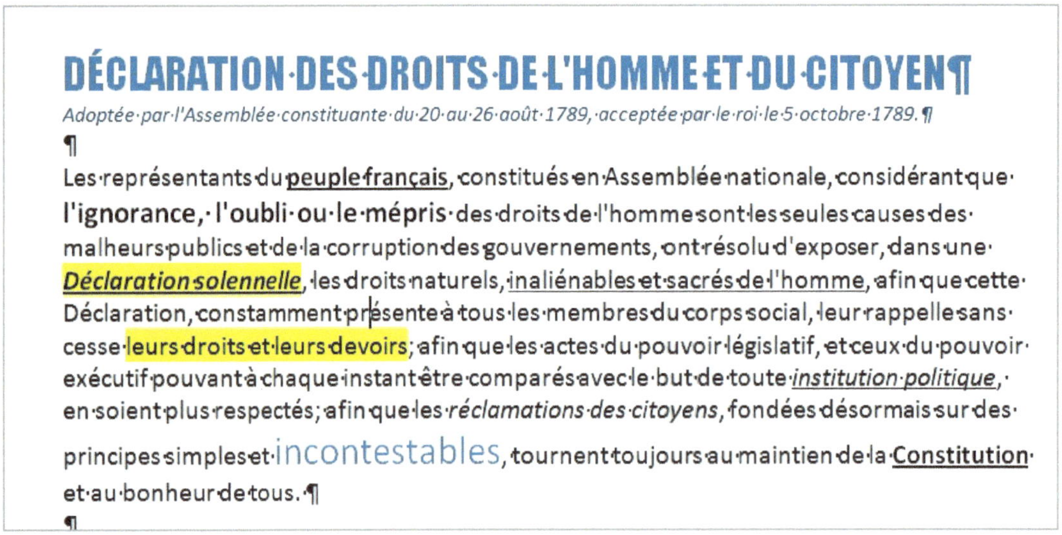

Modifier la casse (majuscule/minuscule)

Admettons maintenant que nous voulions faire passer en minuscules le texte de notre titre. Inutile de l'effacer et de le ressaisir, un bouton va travailler pour nous.

Sélectionnez le titre et cliquez sur le bouton ***Modifier la casse*** Aa du groupe ***Police*** dans l'onglet ***Accueil***. Dans les propositions qui s'affichent, cliquer sur l'option voulue, en ce qui nous concerne ***Majuscule en début de phrase***.

Exercice

Créez un nouveau document, saisissez le texte suivant et enregistrez-le dans votre dossier sous le nom **Exercice Police VotrePrénom**.

> Ce texte est destiné à tester la mise en forme de la police Word. Il n'a donc aucun sens et vous ne devez pas tenter d'y lire quoi que ce soit d'autre qu'une suite de mots à mettre en forme. Le mot mètre3, par exemple, ou encore lettre AR ou même H2O n'ont d'autre intérêt que celui de vous obliger à travailler les boutons de mise en forme.¶

A présent, mettez le texte en forme de la façon suivante :

> Ce texte est destiné à tester la mise en forme de la police Word. Il n'a donc aucun sens et vous ne devez *pas tenter d'y lire quoi que ce soit* d'autre qu'une suite de mots à **mettre en forme**. Le mot mètre^3, par exemple, ou encore lettre ^{AR} ou même H_2O n'ont d'autre intérêt que celui de vous obliger à travailler les boutons de mise en forme.

Si vous avez réussi ce bref exercice, vous avez fait le tour des boutons de mise en forme de la police directement affichés sur le ruban. Il existe quelques options supplémentaires de mise en forme, plus rarement utilisées, que nous vous proposons de découvrir maintenant.

Cliquez sur le *bouton lanceur* du groupe *Police*. Pour rappel, les *boutons lanceurs* sont ces petits boutons gris ⌐ présents en bas à droite de certains groupes, dont le groupe *Police* qui nous intéresse ici.

La boite de dialogue suivante apparaît :

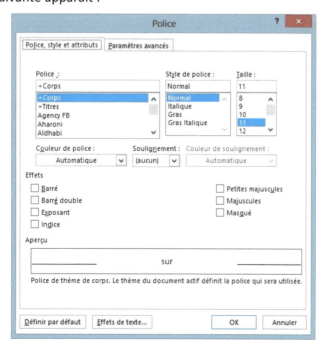

Nous retrouvons les mêmes options que celles du ruban, comme le choix de la police, la taille ou le soulignement. Mais nous trouvons aussi l'option *Petites majuscules* par exemple, qui permet de mettre un texte saisi en minuscules en petites majuscules (par exemple, **Jean de la Fontaine** deviendrait Jean de la Fontaine ou l'option ~~Barré double~~ dont, peut-être, l'utilité ne vous sautera pas aux yeux.

D'autres options potentiellement intéressantes mais rarement utilisées se trouvent dans le deuxième onglet de la boite de dialogue, l'onglet *Paramètres avancés*. Cliquez dessus pour l'activer.

Vous y trouverez par exemple :

- l'option *Espacement*, qui permet d'augmenter l ' e s p a c e e n t r e l e s c a r a c t è r e s
- l'option *Position* qui permet de modifier la position^{des mots}dans la hauteur de la ligne de texte
- l'option *Espacement des nombres* qui permet de choisir comment gérer la présentation des nombres

Refermez la boite de dialogue en cliquant sur *OK* pour valider vos modifications éventuelles ou au contraire cliquez sur *Annuler* pour ne pas appliquer vos choix.

 ## Changer la police par défaut

A présent, sélectionnez dans le texte saisi le mot **destiné** de la première ligne, sur lequel normalement vous n'avez dû appliquer aucune mise en forme particulière. En cas de de doute, cliquez sur le bouton *Effacer la mise en forme* du groupe *Police* dans le ruban pour revenir à du texte brut de mise en forme. Ouvrez à nouveau la boite de dialogue *Police* par le bouton lanceur et activez le premier onglet *Police, style et attributs* déjà vu plus tôt. Choisissez la police *Arial* et la taille **14**.

Imaginons que le plus souvent, vous choisissiez justement cette police pour saisir vos textes. Imaginons que vous soyez fatigué de redemander à chaque fois cette police et cette taille et que vous aimeriez que Word enregistre une fois pour toutes qu'*Arial* en taille 14 est la police que vous voulez utiliser dorénavant.

Tout est prévu : repérez en bas à gauche le bouton *Définir par défaut*. Cliquez dessus et au message de Word qui s'affiche, choisissez la seconde option avant de valider par *OK*.

C'est fait, vous venez d'indiquer que les options choisies doivent être enregistrées comme vos choix par défaut, c'est-à-dire que la police *Arial* taille **14** sera systématiquement proposée dans le document actif et tous les futurs documents que vous créerez.

Pour vérifier cela, valider en cliquant sur *OK* et sans refermer votre document Exercices Police VotrePrénom, cliquez sur le bouton *Nouveau* ☐ de la barre d'outils *Accès rapide* pour créer un nouveau document vierge : la police qui est automatiquement proposée est bien *Arial*, taille **14**.

Il nous reste à rétablir la police par défaut normalement utilisée par Word : retournez dans le bouton lanceur du groupe *Police* et sélectionnez la police *Calibri* en taille 11, puis comme précédemment, cliquez sur le bouton *Définir par défaut* avant de sélectionner l'option *Tous les documents basés sur le modèle Normal.dotm ?* et de valider par *OK*.

Refermez le document vierge sans l'enregistrer pour retrouver le document Exercices Police VotrePrénom.

 Vous pouvez rapidement supprimer toute la mise en forme de la police en appuyant une fois sur la barre d'espace tout en maintenant enfoncée la touche Ctrl du clavier (après avoir sélectionné le texte concerné, bien sûr)

Réappliquer une mise en forme

Le bouton *Reproduire la mise en forme* du groupe *Presse-papiers* dans l'onglet *Accueil* permet de mémoriser une mise en forme et de l'appliquer sur d'autres parties de texte. Voici comment procéder :

- Sélectionnez par exemple le mot **Word** saisi dans votre texte Exercices Police VotrePrénom

- Cliquez sur le bouton *Reproduire la mise en forme* pour l'activer (le pointeur de la souris prend la forme d'un pinceau)

- Cliquez-glissez sur les mots **obliger à travailler** ; aussitôt que vous relâchez le bouton de la souris, les mots adoptent la même mise en forme que le mot **Word**.

Ce texte est destiné à tester la mise en forme de la police Word. Il n'a donc aucun sens et vous ne devez *pas tenter d'y lire quoi que ce soit* d'autre qu'une suite de mots à **mettre en forme**. Le mot mètre[3], par exemple, ou encore lettre[AR] ou même H_2O n'ont d'autre intérêt que celui de vous obliger à travailler les boutons de mise en forme.

 Pour reproduire plusieurs fois de suite la mise en forme, double-cliquez sur le bouton puis cliquez-glissez sur chaque portion de texte à mettre en forme.
A la fin de vos manipulations, appuyez sur la touche Echap du clavier pour désactiver le bouton (ou cliquez à nouveau dessus).

 ## Les thèmes

Un thème de document est un ensemble de choix de mise en forme qui comprend notamment un jeu de couleurs et un ensemble de polices

Tout le contenu du document Word (tel que le texte, les tableaux ou les dessins) est lié dynamiquement au thème et le changement du thème modifie automatiquement l'aspect du document, particulièrement au niveau des polices et des couleurs.

En fait, chaque document que vous créez à l'aide de Word, mais aussi d'Excel ou de PowerPoint, intègre un thème, même les nouveaux documents vierges. Ci-dessous deux exemples de couleurs de thèmes, le premier le thème *Office* (thème appliqué par défaut pour tout nouveau document) et le thème *Métro*.

Changer le thème du document

Pour changer le thème du document, cliquez sur l'onglet *Création* et déroulez le bouton *Thèmes*  du groupe *Mise en forme du document*. Cliquez sur le thème à appliquer.

 Si vous choisissez d'appliquer une Couleur du thème sur votre texte ou sur une forme dessinée par exemple, la couleur changera si vous modifiez le thème ou si vous copiez votre texte ou votre dessin dans un document ayant un autre thème actif. Pour que la couleur de soit pas modifiée, choisissez parmi les Couleurs standard ou cliquez sur Autres couleurs…

Les symboles

Notre clavier nous permet de saisir facilement toutes les lettres de l'alphabet et certains symboles très courants. Il existe beaucoup d'autres symboles, toutefois, non représentés sur le clavier et aussi divers que ceux du copyright ©, d'un téléphone ☎ ou encore arithmétique ≠, dont vous pourriez avoir besoin. Voyons maintenant comment les utiliser. Pour cela, commencez par créer un nouveau document et saisir le texte suivant :

> L'employé souriant nous a signifié que le téléphone devait être utilisé plutôt que la sonnette

Enregistrez le document dans votre dossier sous le nom **Symboles VotrePrénom**.

Nous voulons insérer notre premier symbole juste après le mot **souriant** : positionnez votre curseur à sa droite puis cliquez sur l'onglet *Insertion* et dans le groupe *Symboles*, cliquez sur le bouton *Symbole* Ω sur la droite.

Certains symboles sont aussitôt proposés, mais nous voulons accédez à la liste intégrale des symboles, cliquez donc sur *Autres symboles*.

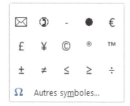

Une boite de dialogue s'ouvre à l'écran. Dans l'onglet *Symboles*, dans la liste *Police*, sélectionnez la police *Wingdings*, une police très riche en symboles. Cliquez sur le caractère ☺ puis sur le bouton Insérer puis sur le bouton Fermer .

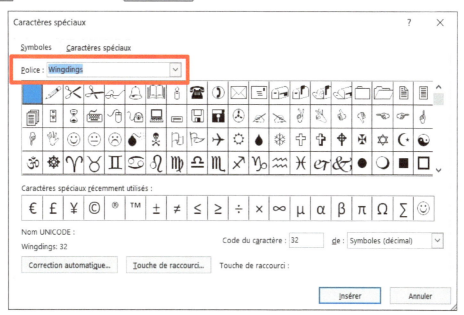

Positionnez maintenant votre curseur à droite du mot **téléphone** et de la même façon, insérez le symbole ☽, puis enfin insérez le symbole 🔔 à la suite du mot **sonnette**.

Pour finir, sélectionnez chaque symbole et dans le groupe *Police* de l'onglet *Accueil*, augmentez leur taille à la taille **14** et changez leur couleur en bleu.

L'employé souriant ☺ nous a signifié que le téléphone ☽ devait être utilisé plutôt que la sonnette 🔔

La correction automatique

Il arrive parfois que Word change automatiquement les caractères saisis en symbole. Cela arrive par exemple lorsque l'on saisit **(c)** : cette suite de caractères est automatiquement remplacée par le symbole du copyright ©

Pour vous en convaincre, faites les tests suivants dans votre document **Symboles VotrePrénom** ouvert à l'écran. Appuyez sur la touche *Entrée* du clavier pour créer une ligne vide puis saisissez **(c)** suivi d'un espace : Word le transforme aussitôt en ©.

Testez maintenant ces différentes saisies en prenant soin de finir chaque fois par un espace ou un retour à la ligne :

| ==> devient ➜ | (e) devient € | :-) devient ☺ |

Certaines fautes d'orthographe très fréquentes sont également automatiquement corrigées par Word (à ne pas confondre avec le vérificateur d'orthographe, qui souligne les mots en rouge).

Saisissez par exemple les mots **Un accompte est versé** : le mot **accompte** avec deux **c** est automatiquement transformé en **acompte**, qui est la bonne orthographe.

Il en va de même pour le mot **france** qui sera automatiquement corrigé par **France** avec un F majuscule. Malheureusement, le mot **FRANCE** saisi tout en majuscule sera lui aussi corrigé en **France** ce qui peut représenter un inconvénient. –t- ©

Contrôle des options de correction automatique

Il vous est bien sûr possible d'accepter ou de refuser ces corrections automatiques : il suffit pour cela de régler les options de la correction automatique :

- Dans l'onglet *Fichier*, cliquez sur *Options*
- Cliquez sur *Vérification* dans la colonne de gauche puis sur le bouton *Options de correction automatique* sur la droite.

Deux onglets sont particulièrement intéressants pour indiquer nos préférences :

- l'onglet *Correction automatique*, dans lequel vous trouverez notamment :
  - La majuscule en début de phrase ou de cellule de tableau
  - Le remplacement du texte par des symboles
  - Le remplacement des mots mal orthographiés (descendez dans la liste pour les visualiser)

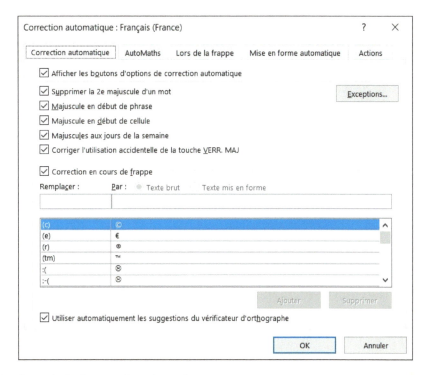

- L'onglet *Lors de la frappe* dans lequel vous trouverez notamment :
  - Le remplacement des guillemets normaux "abc" par des guillemets « abc »

  - Le remplacement des fractions 1/2 par des caractères ½

  - La mise en forme des nombres ordinaux 1er, 2ème, 3ème

  - L'application automatique des puces et des numéros (détaillée plus avant dans ce manuel)

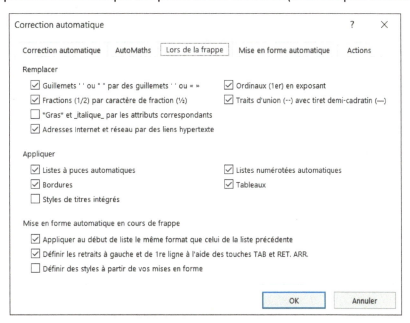

Refermez la boite de dialogue par *Annuler* pour ne modifier aucune des options par défaut. Enregistrez et refermez votre document **Symboles VotrePrénom**.

Les marges

En France, un document s'imprime par défaut sur du papier de format **A4**, dont les dimensions sont 21 cm de large sur 29,7 cm de haut (il existe d'autres formats de papier, tels que le format **Letter** utilisé par les américains, légèrement plus large et plus court).

Les marges sont les zones laissées vides de chaque côté de la page (gauche et droite, haut et bas). Il faut savoir que par défaut, Word prévoit des marges de 2,5 cm pour chaque côté.

Réfléchissons. Si l'on tient compte des marges de 2,5 cm, si l'on sait que le papier A4 fait 21 cm de large, nous pouvons sans trop de stress en conclure que le texte s'inscrit sur une longueur par défaut de… 16cm (21 cm – 5 cm).

Ouille, que de maths pour une formation Word !

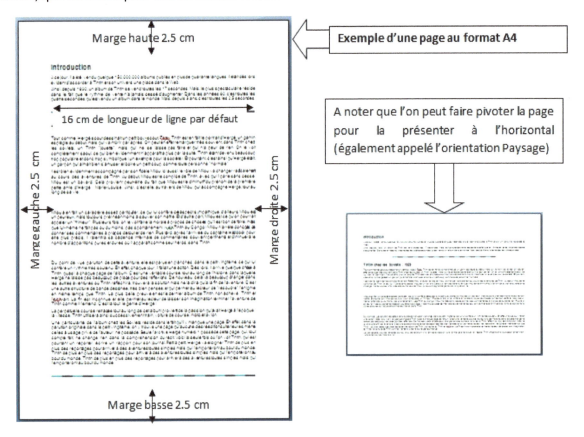

Le mieux est de voir par nous-mêmes, n'est-ce pas ? Mais pas en imprimant le document. Ce n'est qu'un test, nous voulons juste nous rendre compte de ce qui se passerait *si* nous imprimions. Nous allons donc épargner quelques arbres et procéder à un *Aperçu avant impression*.

Pour cela, ouvrez le document **La Mythologie imagée** et enregistrez-le dans votre dossier sous le nom

L'aperçu avant impression

Vous avez lors d'une précédente leçon déjà ajouté le bouton *Aperçu avant impression*  à votre barre d'outils *Accès rapide*. Il vous suffit donc maintenant de cliquer dessus pour lancer la prévisualisation de votre document imprimé.

Si vous préférez, vous pouvez également lancer l'aperçu en cliquant sur *Imprimer* dans l'onglet *Fichier* ; l'aperçu avant impression se présente sur la droite de l'écran.

Le mode *Aperçu* s'affiche à l'écran. Etudiez ses différentes options :

- Notre document fait plusieurs pages et nous voudrions régler le nombre de pages prévisualisées à l'écran : il suffit de modifier le zoom en bas à droite de l'écran, en le diminuant pour afficher davantage de pages ou en l'augmentant pour mieux voir le texte.

- Pour revenir rapidement à la visualisation d'une page sur toute sa hauteur, cliquez sur le bouton à droite du zoom de l'*Aperçu avant impression*
- Pour faire défiler les pages, utilisez la zone ◄ 1 de 14 ► en bas de l'aperçu (vous pouvez alternativement utiliser la barre de défilement verticale sur la droite de l'écran)
- Pour lancer l'impression, cliquez sur le bouton *Imprimer* dans la zone à gauche de l'aperçu
- Pour quitter le mode *Aperçu*, cliquez sur le bouton en haut à gauche de la fenêtre ou appuyez sur la touche *Echap* du clavier

Utilisez le bouton pour refermer l'*Aperçu avant impression* après l'avoir étudié et revenons à notre mise en page.

La mise en page du document

La première chose à savoir lorsque l'on parle de *Mise en page* est comment changer ses *marges* et/ou *l'orientation du papier*. Pour cela, inutile pour une fois de sélectionner quoi que ce soit : par défaut, tout changement de mise en page s'applique sur l'ensemble du document, qu'il fasse une page ou qu'il en fasse vingt.

Activez l'onglet *Disposition* (ou *Mise en page* en version Word 2013) du ruban et repérez les deux boutons qui nous concernent ici : le bouton *Marges* et le bouton *Orientation*.

Marges Orientation

Modifier l'orientation du papier

Pour changer l'orientation du papier, rien de plus facile : vous cliquez sur le bouton *Orientation* et choisissez entre les deux seules options proposées, à savoir *Portrait* et *Paysage* (c'est-à-dire l'orientation verticale et l'orientation horizontale)

Portrait

Paysage

Choisissez l'orientation *Paysage*. A présent, pour vraiment voir le résultat du changement, relancez l'*Aperçu avant impression* et jetez un œil sur votre œuvre.

N'oubliez pas : pour visualiser plusieurs pages, jouez avec le zoom d'affichage qui se trouve en bas à droite de votre écran

10 %   − ┼───────────┼─────────── ✛ ⊡ .

Fermez l'aperçu et revenez à une orientation *Portait* pour la suite de l'exercice.

Modifier les marges du document

Nous voulons à présent changer les marges. A nouveau, rien de bien compliqué. Retournez dans l'onglet *Disposition* (ou *Mise en page* pour la version Word 2013) et cliquez cette fois sur le bouton *Marges*. Plusieurs choix vous sont proposés : marges *Normales*, *Etroites*, *Moyennes*, *Larges*...

Par défaut, Word s'est positionné sur des marges *Normales.* Testez à présent les autres possibilités en appliquant tour à tour *Normales*, *Etroites*, *Moyennes* et *Larges* :

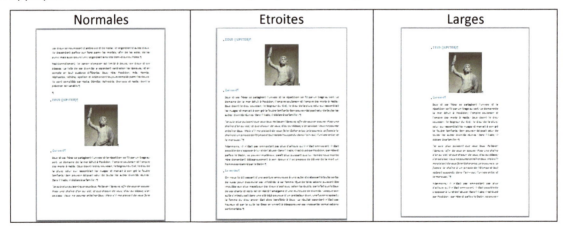

A noter que les marges *En miroir* permettent de différencier la taille des marges gauche et droite selon que la page est paire ou impaire.

 *Vous pouvez appliquer des marges « sur mesure » en cliquant sur l'option **Marges personnalisées...** pour afficher la boite de dialogue **Mise en page***

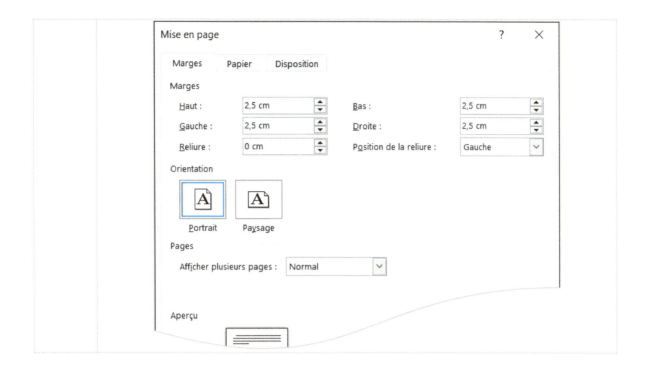

Revenez à marges *Normales* pour la suite de l'exercice. L'aperçu nous a rassurés, nous voulons maintenant imprimer notre document.

Si vous cliquez ou double-cliquez sur l'espace grisé entre deux pages du document, Word masque automatiquement les marges haute et basse pour faciliter la lecture à l'écran.

L'impression vers une imprimante

Pour lancer une impression, nous avons deux possibilités :

- Soit nous utilisons le bouton *Impression rapide* de la barre d'outils *Accès rapide* (bouton que nous avons précédemment ajouté à la barre) ; dans ce cas, toutes les pages de notre document seront imprimées en un seul exemplaire sur l'imprimante avec laquelle nous imprimons généralement.

- Soit notre besoin est plus complexe (nous ne voulons pas imprimer toutes les pages, nous voulons plusieurs exemplaires, nous voulons imprimer sur une autre imprimante que d'habitude...) et nous devons passer par l'onglet *Fichier* et sa commande *Imprimer*, plus riche en option :

- Cliquez sur l'onglet *Fichier* puis sur *Imprimer* et utilisez selon le besoin les commandes de la fenêtre d'impression :
  - Bouton *Imprimer* : lancer l'impression
  - Zone *Copies* : nombre d'exemplaires à imprimer
  - Zone *Imprimante* : choisir l'imprimante à utiliser (cliquer sur le lien Propriétés de l'imprimante pour accéder aux réglages de l'imprimante)
  - Zones *Imprimer toutes les pages* et *Pages* : choix des pages à imprimer
  - Zone *Impression recto* : choix d'une impression d'un seul ou des deux côtés du papier
  - Zone *Assemblées* : si plusieurs exemplaires, impression d'un exemplaire après l'autre ou des exemplaires de chaque page après l'autre
  - Boutons *Orientation*, *Taille de page* et *Marges* qui reprennent les choix effectués dans l'onglet *Disposition* ou *Mise en page* (possibilité de les modifier)
  - Zone *Page par feuille* : possibilité d'imprimer plusieurs pages sur une feuille (avec réduction de la taille du texte)

Admettons par exemple que nous ne voulons imprimer que les pages 1, 3 à 5 et 8 de notre document La Mythologie imagée VotrePrénom.

Lancez l'impression par l'onglet *Fichier* puis saisissez le texte suivant dans la zone *Pages* : **1;3-5;8** (le tiret indiquant ici une suite de pages, tandis que le point-virgule est utilisé comme séparateur de pages).

L'impression vers un fichier PDF

Il est de plus en plus fréquent que nos fichiers soient transférés à d'autres personnes via la messagerie. Cependant, rien n'indique que la personne à qui vous l'envoyez dispose bien de Word. Dans ce cas, il peut être intéressant de créer un autre fichier de type PDF, qui se créera en reprenant exactement l'aspect de votre document tel qu'il serait imprimé.

Voici comment procéder :

- Dans l'onglet *Fichier*, cliquez sur *Exporter*

- Cliquez sur *Créer un document PDF/XPS*
- Cliquez sur *Créer PDF/XPS*
- Dans la fenêtre qui s'affiche, saisissez le nom du fichier à créer et choisissez son emplacement avant de cliquer sur le bouton *Publier*
- Fermez ou réduisez la fenêtre Word et lancez l'*Explorateur de fichiers Windows* (bouton 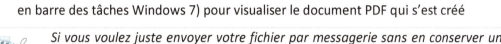 en barre des tâches Windows 7) pour visualiser le document PDF qui s'est créé

 Si vous voulez juste envoyer votre fichier par messagerie sans en conserver une copie ailleurs que dans votre message, vous pouvez dans ce cas procéder comme suit :
- Dans l'onglet *Fichier*, cliquez sur *Partager*
- Cliquez sur *Courrier électronique* puis sur *Envoyer en tant que PDF*
- Un nouveau message est créé, contenant déjà votre fichier prêt à être transmis au format PDF

Exercice

Créez un fichier PDF basé sur votre fichier Word **La Mythologie imagée VotrePrénom** et enregistrez-le dans votre dossier.

Faites de même avec votre fichier **Droits de l'homme VotrePrénom**. Si vous avez accès à une messagerie, envoyez-vous ce fichier à vous-même en pièce jointe.

Refermez tous les fichiers.

La mise en forme des paragraphes

Les retraits de paragraphes

Nous avons vu que les marges influaient sur la longueur de toutes les lignes de toutes les pages du document, même si nous n'avons sélectionné aucun texte. Qu'en est-il si l'on ne veut modifier que certaines lignes ?

Il s'agira dans ce cas de se tourner vers la <u>mise en forme de **paragraphes**</u>.

De savants calculs nous ont permis de déterminer qu'avec des marges normales de 2,5 cm, nos lignes s'étalaient sur 16 cm entre la marge gauche et la marge droite.

Maintenant, imaginons que nous voulions que les lignes de certains paragraphes se positionnent différemment dans la largeur de la page (ne tentez pas d'effectuer les présentations indiquées, regardez juste pour l'instant) :

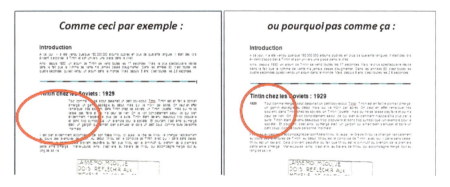

Chaque exemple ci-dessus correspond à ce que l'on appelle un *retrait de paragraphe*. Lorsque l'on effectue un retrait, on demande à ce que les lignes du ou des paragraphes sélectionnés commencent et/ou se terminent à un endroit différent de la limite prévue par les marges gauche ou droite.

Nous allons maintenant apprendre à effectuer tous ces retraits. Plusieurs méthodes existent, mais la plus intéressante est de comprendre comment utiliser correctement la *règle* (si la règle est masquée, vous pouvez l'afficher en cliquant sur le bouton en haut de la barre de défilement verticale à droite de votre écran)

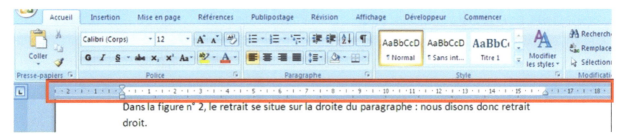

Dans la figure n° 2, le retrait se situe sur la droite du paragraphe : nous disons donc retrait droit.

Commençons par examiner la règle si aucun retrait n'a été effectué. C'est le cas dans l'exemple représenté ci-dessus, le paragraphe sélectionné n'a visiblement aucun retrait. Il commence donc à la marge gauche et s'étale jusqu'à la marge droite. Les marges sont représentées par les deux parties grisées à gauche et à droite de la règle, tandis que la longueur de ligne utilisable est en blanc.

Les retraits de paragraphe sont quant à eux symbolisés à gauche par une petite bobine et à droite par un simple triangle pointant vers le haut. Schématiquement, la bobine à gauche détermine le début des lignes, le triangle à droite de la règle détermine la fin des lignes.

Le retrait sur la gauche du texte

Commençons par la bobine à gauche de la règle. Cette bobine est en fait composée de deux parties car nous pouvons avoir besoin de positionner séparément la première ligne d'un paragraphe des autres lignes de ce même paragraphe.

Ainsi, si vous cliquez-glissez sur le *triangle supérieur* de la bobine et le déplacez, vous déplacerez la **première ligne** du ou des paragraphes sélectionnés. Si vous cliquez-glissez sur le *triangle inférieur* de la bobine, vous déplacerez **toutes les lignes** du ou des paragraphes sélectionnés hormis la première ligne.

Voyons cela : dans votre document **Mobilier VotrePrénom**, sélectionnez les paragraphes depuis **Messieurs** jusqu'à **16 février**. Pour effectuer un retrait de première ligne sur ces trois paragraphes, visez le triangle supérieur de la bobine 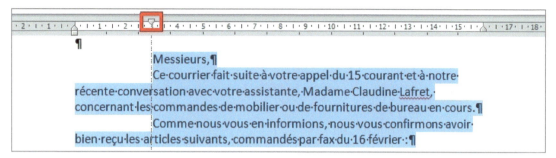 et faites-le glisser jusqu'à 3cm.

Vous le voyez, seule la première ligne de chaque paragraphe a suivi le mouvement et se trouve maintenant à trois centimètres de la marge gauche.

Voyons maintenant le cas inverse : le tout dernier paragraphe en bas de page, dont la première ligne doit rester à la marge mais les autres lignes se positionner plus loin dans la page. Sélectionnez tout le paragraphe et cette fois, effectuez un cliquer-glisser sur le **triangle inférieur** de la bobine 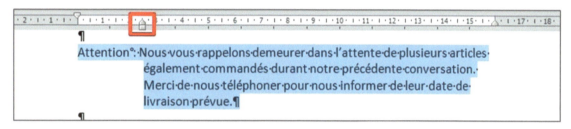 (attention à ne pas viser le carré juste en-dessous). Faites-le glisser jusqu'à 2,5 cm dans la règle. Vous devez obtenir l'effet suivant :

Et voilà, toutes les lignes du paragraphe se décalent hormis la première ligne, qui reste donc à la marge.

Nous pourrions nous en contenter, mais nous sommes exigeants : nous voulons que le N du texte *Nous vous rappelons...* se positionne exactement à la verticale de la deuxième ligne et des suivantes. Nous pourrions simplement ajouter quelques espaces au clavier avant le N, mais il y a mieux : cliquez pour positionner votre curseur juste à gauche du **N** de **Nous** et appuyez une fois sur la touche *Tabulation* du clavier. Ce qui nous donne :

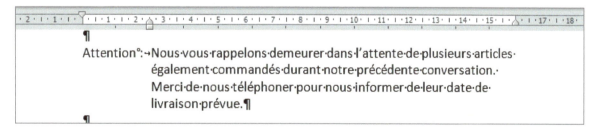

Et voilà, nous avons réussi à positionner correctement notre texte sur la gauche de la page : une première fois en utilisant le triangle du haut de la bobine pour ne déplacer que la première ligne du ou des paragraphes sélectionnés, une seconde fois en utilisant le triangle du bas de cette bobine pour déplacer toutes les lignes hormis la première ligne.

Pour les curieux, sachez que si vous cliquez-glissez sur le carré de la bobine [bobine], ce sont les deux triangles qui se déplaceront en même temps, et donc toutes les lignes du ou des paragraphes sélectionnés.

Faites le test pour l'adresse du destinataire, que nous voulons faire débuter plus loin dans la page. En fait, pour la faire coïncider avec la fenêtre d'une enveloppe, nous devons la positionner sous la graduation à 9 cm dans la règle.

Commencez par sélectionner les quatre paragraphes qui constituent l'adresse (oui, oui, chaque ligne compte bien comme un paragraphe, bien qu'il n'y ait qu'une ligne chaque fois ; ce sont des paragraphes d'une ligne, voilà tout).

Cliquez sur le carré 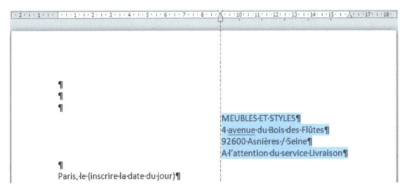 de la bobine et faites-la glisser jusqu'à la position 9 dans la règle. Voici le résultat que vous devriez obtenir :

A noter que chaque paragraphe ne faisant qu'une seule ligne, vous obtiendriez le même résultat en visant le triangle supérieur de la bobine. Essayez : sélectionnez la ligne de la date et faites glisser le triangle supérieur de la bobine jusqu'à 9 cm dans la règle. De même pour la signature **Le Directeur**.

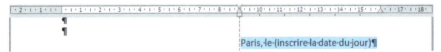

Pour résumer, voici ce qu'il vous faut retenir sur la façon de positionner le début des lignes de texte :

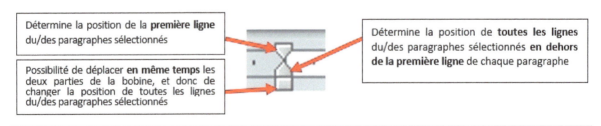

 A noter que certaines manipulations peuvent générer automatiquement des retraits de paragraphes (utilisation de la touche Tabulation du clavier, saisie du tiret d'une liste, du numéro d'une numérotation…) Surveillez votre règle !

Il est temps maintenant de nous intéresser à la droite du texte, beaucoup plus simple en vérité.

Le retrait droit

Tout comme c'était le cas pour le début des lignes, c'est la marge qui définit normalement la fin des lignes à droite du texte. Un retrait droit vous permet toutefois de modifier cela pour certains paragraphes.

Sélectionnez le texte depuis **Ce courrier** jusqu'à **16 février**. Visez le petit triangle 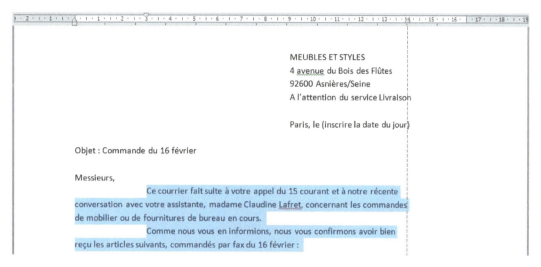 tout à droite de la règle et faites-le glisser de deux centimètres vers la gauche, c'est-à-dire jusqu'à la graduation 14 (attention, lorsque vous visez le petit triangle ne visez pas trop haut car la marge droite est modifiable au même endroit et influerait sur tout le document). Vous devez voir ce résultat :

Dans la mesure où il ne peut pas y avoir de différence entre la fin de la première ligne et la fin des autres lignes d'un même paragraphe, le retrait droit reste donc très simple.

Pour information, les retraits de paragraphe à gauche ou à droite du texte peuvent également être effectués par la boite de dialogue *Paragraphe*. Re-sélectionnez si nécessaire les paragraphes **Ce courrier** jusqu'à **16 février** et dans l'onglet *Accueil*, cliquez sur le bouton lanceur ⌐ du groupe *Paragraphe*. Une boite de dialogue s'affiche à l'écran, indiquant les retraits effectués sur la sélection.

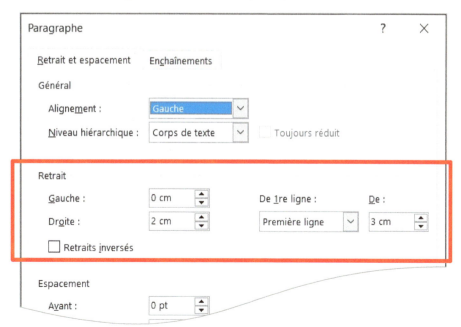

Bien, refermez la boite de dialogue *Paragraphe* et poursuivons.

Nous en avons terminé avec le positionnement des paragraphes dans la largeur de la page, ce qui n'est pas rien ! La maîtrise des retraits de paragraphes nécessite beaucoup de pratique, n'hésitez pas à refaire toutes les manipulations depuis le début autant de fois que nécessaire !

Poursuivons notre mise en forme des paragraphes, car elle comporte d'autres options que nous allons étudier maintenant.

Pour cela, enregistrez et refermez votre document **Mobilier VotrePrénom** puis ouvrez le document **Fables de La Fontaine VotrePrénom**.

Les alignements

Quels que soient les retraits appliqués, il existe quatre types d'alignement du texte dans la longueur de la ligne : *gauche*, *centré, droite* et *justifié* ≡ ≡ ≡ ≡. Par défaut, Word propose un alignement gauche.

Alignement à gauche (alignement par défaut)

Sélectionnez le texte depuis **Jean de la Fontaine** jusqu'à **Modernes** et regardez les boutons d'alignement du groupe *Paragraphe* dans l'onglet *Accueil*. Le bouton d'alignement gauche est de couleur plus soutenue ≡ , montrant ainsi que c'est cet alignement qui est utilisé pour les paragraphes sélectionnés.

Lorsque vous choisissez un alignement *gauche*, vous indiquez que les lignes doivent commencer de façon régulière à gauche mais peuvent se terminer de façon irrégulière à droite (également appelé « en drapeau ».

Alignement centré

Sélectionnez le titre **LES FABLES DE LA FONTAINE** ou positionnez tout simplement votre curseur dans le paragraphe

Dans l'onglet *Accueil*, cliquez sur le bouton *Centré* ≡ du groupe *Paragraphe*

Lorsque vous choisissez un alignement *centré*, vous indiquez que toutes les lignes du paragraphe doivent se positionner au milieu de la longueur de la ligne ; cet alignement est souvent demandé pour les titres, mais aussi pour les menus ou la poésie.

Alignement à droite

Sélectionnez à nouveau le texte depuis **Jean de la Fontaine** jusqu'à **Modernes** et cliquez sur le bouton ≡ . Votre texte s'aligne sur sa droite et non plus sur sa gauche.

Lorsque vous choisissez un alignement *droit*, vous indiquez que les lignes doivent se terminer de façon régulière sur leur droite mais peuvent commencer à gauche de façon irrégulière (également appelé « en drapeau ».

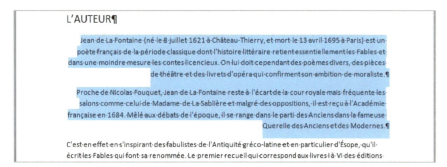

Alignement justifié

Gardez les paragraphes **Jean de la Fontaine** jusqu'à **Modernes** sélectionnés et cliquez maintenant sur le bouton ☰ . Ce bouton, très utile, permet d'aligner le texte à la fois sur la gauche et sur la droite, en augmentant autant que nécessaire les espaces entre chaque mot.

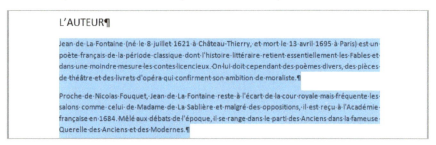

 *Il est bien sûr également possible de passer par la fenêtre **Format de paragraphe** en cliquant sur le bouton lanceur du groupe **Paragraphe** dans l'onglet **Accueil** pour choisir l'alignement.*

Interligne

L'interligne détermine l'espace **entre** les lignes du paragraphe. Par défaut, Word applique un interligne simple légèrement supérieur à 1.

Vous pouvez modifier cet interligne avec le bouton *Interligne* ⬍☰ ▾ situé dans le groupe *Paragraphe* de l'onglet *Accueil*. Sans oublier, bien sûr, de resélectionner préalablement les paragraphes depuis **Jean de la Fontaine** jusqu'à **Modernes**. Testez les différents interlignes pour vous rendre compte de l'impact sur le texte.

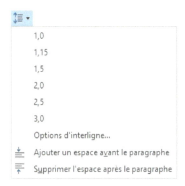

Exemple en interligne simple (1,0) :

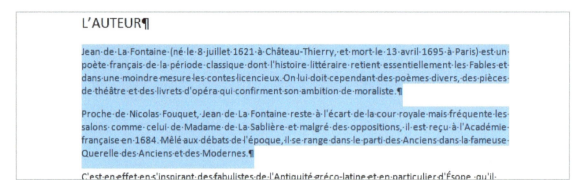

Exemple en interligne double :

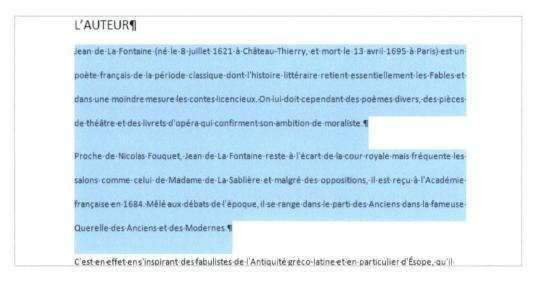

 *Vous pouvez également passer par la fenêtre **Format de paragraphe** en cliquant sur le bouton lanceur du groupe **Paragraphe** dans l'onglet **Accueil**.*

Interligne :   De :

Simple ⌄

Pour la suite des manipulations, sélectionnez le texte depuis le titre **L'AUTEUR** jusqu'à **1665 et 1674** et appliquez sur l'ensemble des paragraphes l'interligne simple de 1.

Espacement avant et après paragraphe

Il existe une autre mise en forme, souvent confondue avec l'interligne, qui permet de régler les espaces au-dessus et en-dessous d'un paragraphe sans pour autant modifier l'espace entre ses lignes. Il s'agit de *l'Espacement*.

Sélectionnez le texte depuis le titre **L'AUTEUR** jusqu'à **1665 et 1674** et déroulez à nouveau le bouton

↕≡ ▾ qui nous a précédemment servi à modifier l'interligne : vous découvrez en bas de la liste qui s'affiche la notion d'espacement

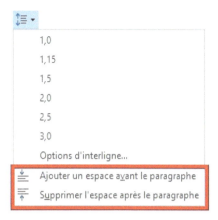

Ne changez rien car cette fois, nous allons préférer aller gérer notre espacement dans la boite de dialogue *Paragraphe* pour mieux comprendre de quoi il retourne. Toujours avec le texte sélectionné, cliquez sur le bouton lanceur du groupe *Paragraphe* de l'onglet *Accueil*.

Comme vous pouvez le voir, un espacement de 8 (ou 10 points en version 2013) est appliqué en dessous des paragraphes sélectionnés, ce qui est le défaut dans Word. Nous allons supprimer cet espacement en mettant la valeur à 0. Validez par *OK* et observez votre texte : il s'est resserré, aucun espacement n'étant plus ménagé entre chaque paragraphe.

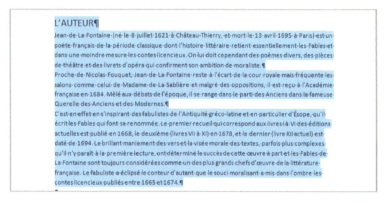

A présent, imaginons que nous voulions un espacement vide équivalent à la hauteur d'une ligne de texte pour séparer chacun des paragraphes sélectionnés. Retournez dans la boite de dialogue *Paragraphe* et cliquez sur la petite flèche de la zone d'espacement *Après :* pour augmenter l'espace à 12 points (12 points équivalent dans Word à une hauteur de ligne standard).

Validez et vérifiez le résultat :

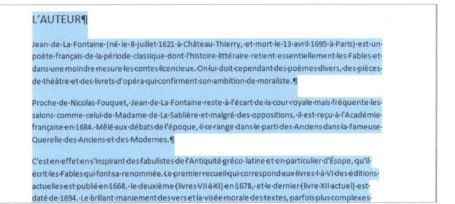

A chaque fois que vous effectuez un retour à la ligne, Word propose par défaut des paragraphes avec un espacement en dessous, ce qui a pour but de nous éviter d'avoir à créer des lignes vides pour séparer nos paragraphes.

Si l'espacement vous déplaît (lors de la saisie de l'adresse du destinataire d'un courrier par exemple), vous pouvez le supprimer rapidement en utilisant la commande Supprimer l'espacement après proposée dans le bouton Interligne et espacement de paragraphe $\updownarrow\equiv$ ▾ du groupe Paragraphe dans l'onglet Accueil.

Pour supprimer tous les espacements, vous pouvez également cliquer sur le style Sans interligne dans le groupe Style de l'onglet Accueil.

Les enchaînements de paragraphes

Les enchaînements permettent d'éviter que les lignes d'un même paragraphe ou que les paragraphes eux-mêmes ne soient séparés sur deux pages.

Pour nos fables, nous pourrions vouloir éviter que le titre de la fable ne soit séparé de la fable elle-même. Voici comment procéder :

- Sélectionner le titre de la fable **Le corbeau et le renard**
- Dans l'onglet *Accueil*, cliquez sur le bouton lanceur du groupe *Paragraphe* puis cliquez sur l'onglet *Enchaînements*.

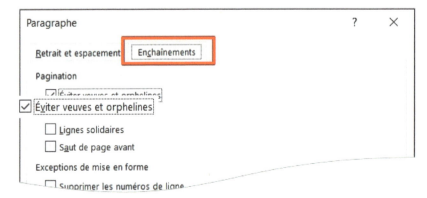

- *Eviter veuves et orphelines* : pour les paragraphes de plusieurs lignes, cette option (activée par défaut) permet de ne pas avoir une ligne seule en haut de page ou une ligne seule en bas de page
- *Paragraphes solidaires* : rend le ou les paragraphes sélectionnés inséparables du paragraphe suivant
- *Lignes solidaires* : pour les paragraphes de plusieurs lignes, cette option rend inséparables toutes les lignes du paragraphe sélectionné.
- *Saut de page avant* : oblige le paragraphe sélectionné à débuter sur une nouvelle page

Ici, le titre de notre fable doit être rendu solidaire du suivant pour empêcher qu'ils soient sur deux pages différentes ; cochez l'option *Paragraphes solidaires* et validez. A présent, si le titre venait à se retrouver en bas d'une page et le texte de la fable en haut de la page suivante, Word ferait en sorte que le titre bascule lui aussi en haut de la page suivante.

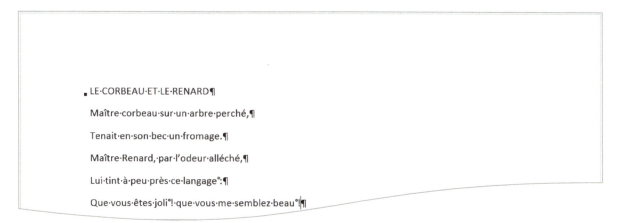

 A noter que le signe visible des enchaînements de lignes ou de paragraphes est un petit carré noir en marge gauche du texte, lequel bien sûr ne s'imprime pas.

Exercice

Effectuez les manipulations suivantes sur les différentes parties du texte du fichier **Fables de La Fontaine**.

Texte de la première page depuis L'AUTEUR jusqu'à entre 1665 et 1674 :

- Justifiez tout le texte
- Effectuez un retrait de première ligne de 2 cm sur chaque paragraphe
- Choisissez un interligne 1 et un espacement après paragraphe de 6 points.

Fable LA CIGALE ET LE FOURMI :
- Centrez le titre et tout le texte de la fable
- Supprimez les espacements de paragraphes et choisissez un interligne 1,5
- Demandez un enchaînement du titre de la fable

Fable LE LOUP ET L'AGNEAU :
- Alignez le titre et tout le texte à droite
- Effectuez un retrait droit de 3 cm
- Supprimez les espacements de paragraphe et choisissez un interligne de 1,15

- Demandez un enchaînement de tous les paragraphes de la fable

Fable LA GRENOUILLE QUI VEUT SE FAIRE AUSSI GROSSE QUE LE BŒUF :
- Centrez le titre et le texte
- Effectuez un retrait gauche de 3 cm et un retrait droit de 3 cm

Enregistrez et refermez le fichier **Fables de La Fontaine VotrePrénom**.

A CE POINT DU MANUEL, REALISER DES EXERCICES DE MISE EN APPLICATION POUR VALIDER LES CONNAISSANCES ACQUISES 7

Puces ou Numérotation

Poursuivons nos efforts pour mettre en forme nos paragraphes, cette fois avec deux fonctionnalités très intéressantes lorsqu'il s'agit de saisir des énumérations : il s'agit de l'outil *Puce* et de l'outil *Numérotation* du groupe *Paragraphe* dans l'onglet *Accueil.*

Ces deux commandes permettent d'ajouter aisément des symboles à la première ligne des paragraphes d'une liste. Pour plus d'efficacité et de facilité, comme le plus souvent avec Word, il convient d'effectuer la saisie du texte « *au kilomètre* », c'est-à-dire sans aucune mise en forme mais aussi, dans le cas présent, sans saisir les symboles de liste tels que les tirets ou les numéros apparentés, pour Word, à de la mise en forme.

Ouvrez le document **Bien préparer son départ** et enregistrez-le dans votre dossier sous le nom **Bien préparer son départ VotrePrénom**. Sélectionnez le texte depuis **Dans les pays de l'Union européenne** jusqu'à **carte d'identité ou passeport).**

Nous allons commencer par tester la *numérotation*: dans le groupe *Paragraphe* de l'onglet *Accueil*, cliquez sur la flèche déroulante du bouton *Numérotation* et choisissez le format de numérotation souhaité parmi ceux proposés.

Ici, choisissez par exemple la numérotation avec une parenthèse fermante après le chiffre :

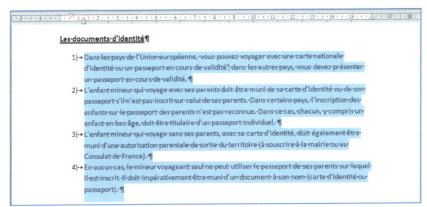

Word ajoute instantanément le symbole de numérotation choisi au début de la première ligne de chaque paragraphe. Si vous regardez votre règle, vous constaterez qu'il a également effectué les retraits nécessaires à un bon alignement des lignes, avec un retrait négatif de la première ligne.

 *La dernière numérotation choisie sera automatiquement réutilisée si vous cliquez directement sur le bouton **Numérotation** au lieu de cliquer sur sa flèche déroulante*

Testons à présent les symboles de *puces*. Pour cela, sélectionnez les paragraphes à la fin du texte, depuis l**es remboursements** jusqu'à **rapatriement sanitaire**. Puis, dans le groupe *Paragraphe* de l'onglet *Accueil*, cliquez sur la flèche déroulante du bouton *Puce* ⠇☰ ▾ et choisissez un symbole parmi ceux proposés, par exemple la puce ✓ .

 A noter que les symboles de puces proposés peuvent différer de ceux listés ci-dessus, Word gardant en mémoire les dernières puces choisies.

Cette fois encore, Word effectue tous les retraits de paragraphes indispensables à la bonne présentation du texte :

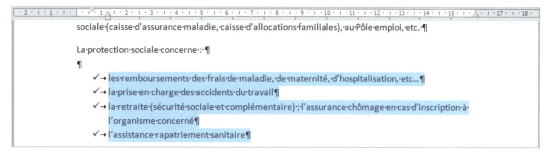

Déplacer une liste à puces

Comme nous venons de le voir, Word prévoit automatiquement un léger décalage lorsque vous utilisez les puces ou la numérotation, dont vous pourriez ne pas vouloir. Pour y remédier, vous pouvez bien sûr changer vous-même les retraits de paragraphes. Mais il existe une astuce bien pratique pour vous faciliter la vie : il s'agit des boutons *Diminuer le retrait* ⇤☰ et *Augmenter le retrait* ⇥☰ du groupe *Paragraphe* dans l'onglet *Accueil*.

Par exemple, admettons que vous vouliez repositionner la liste ci-dessus à la marge gauche : il vous suffit de sélectionner les lignes et d'appuyer une fois sur le bouton *Diminuer le retrait* ⇥☰ . Simple, non ?

Choisir une puce personnalisée

Vous avez eu le choix entre plusieurs puces prédéfinies lorsque vous avez déroulé le bouton *Puce* . Sachez qu'il existe de nombreux autres symboles de puces, proposés par certaines polices telles que la police *Wingdings*. Pour y accéder, suivez la procédure suivante :

- A nouveau, sélectionnez les paragraphes depuis **les remboursements** jusqu'à **rapatriement sanitaire**.
- Cliquez sur la flèche déroulante du bouton *Puce* et sélectionnez Définir une puce...
- Cliquez sur le bouton *Symboles* Symbole...
- Dans la liste des polices, cliquez sur la flèche déroulante pour sélectionner la police *Wingdings*
- Cliquez sur un symbole et validez par *OK*

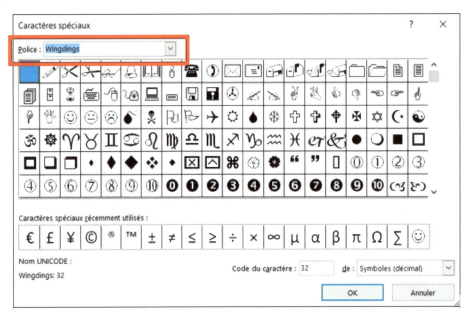

 Vous pouvez aussi choisir des puces imagées en utilisant le bouton Image... au lieu de Symbole... lors de la définition d'une puce personnalisée

Les listes et la correction automatique

Si vous choisissez de ne pas saisir votre texte au kilomètre mais de taper vous-même le numéro ou un symbole de puce tel qu'un tiret lorsque vous commencez une énumération, Word corrigera automatiquement votre saisie pour activer le bouton *Puce* ou le bouton *Numérotation*.

Faites le test en saisissant un tiret en début de paragraphe sur une nouvelle ligne : sitôt que vous ajoutez l'espace, Word effectue la mise en forme prévue par le bouton *Puce* , qui s'active aussitôt (vérifiez dans votre ruban). Il en va de même pour le bouton *Numérotation* si vous saisissez un symbole tel que **1.** ou **a)** par exemple.

Si cette correction automatique vous déplait, il vous suffit de désactiver définitivement l'option :

- Dans l'onglet *Fichier*, cliquez sur *Options*
- Cliquez à gauche sur la rubrique *Vérification* puis à droite, cliquez sur le bouton *Options de correction automatique*
- Dans la boite de dialogue qui s'affiche, cliquez sur l'onglet *Lors de la frappe* et désactivez les options ☑ Listes à puces automatiques et / ou ☑ Listes numérotées automatiques .

 Ne confondez pas les puces ou la numérotation des listes avec la numérotation des titres d'un document. La numérotation automatisée des titres fait appel à un tout autre outil, à savoir les styles, abordé au niveau maîtrise.

A CE POINT DU MANUEL, REALISER DES EXERCICES DE MISE EN APPLICATION POUR VALIDER LES CONNAISSANCES ACQUISES (11)

Les bordures et la trame

En lisière de la mise en forme des paragraphes, nous trouvons les *bordures* et la *trame* qui permettent d'agrémenter le texte de traits et de couleurs de fond.

Pour ce chapitre, nous allons travailler avec le document **Mes recettes maison**. Ouvrez-le et enregistrez-le dans votre dossier sous le nom **Recettes de cuisine maison VotrePrénom**.

Les bordures

Word offre trois types de bordures possibles :

- les bordures de mots
- les bordures de paragraphes
- les bordures de pages

Les bordures de mots

Commençons par la bordure la plus simple, à savoir la *bordure de mots* : sélectionnez par exemple le texte **cubes assez gros** dans la première recette. Dans le groupe *Paragraphe* de l'onglet *Accueil* du ruban, cliquez sur la flèche déroulante du bouton *Bordures* (attention, selon vos dernières manipulations, son aspect change et pourrait donc être légèrement différent de l'image ci-dessous) :

Si vous vouliez un trait simple continu noir, vous pourriez cliquez directement sur l'un des boutons ; ce n'est pas notre cas et nous voulons choisir un trait précis, nous cliquerons donc sur l'option 🗋 Bordure et trame... en bas de la liste.

La fenêtre *Bordure et trame* s'ouvre à l'écran.

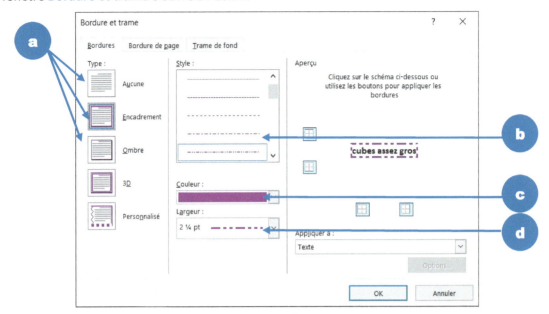

Descendez dans la liste pour sélectionner le *style* **b** de trait pointillé parmi les différents traits proposés, puis choisissez la *couleur* **c** rose et enfin une *largeur de trait* **d** à 1½ pt. Enfin, cliquez sur l'icône *Encadrement* à gauche de la fenêtre pour sélectionner le *type* **a** de bordure. Dans la zone *Aperçu*, vérifiez l'effet qui sera appliqué avant de valider par *OK*.

Nous voulons réappliquer la même mise en forme sur le texte **viande, poivron et oignons**. Sélectionnez le texte et cette fois, inutile de repasser par le chemin le plus long : déroulez à nouveau le bouton *Bordures* mais cliquez cette fois directement sur le bouton ⊞ Bordures extérieures dans la liste. Vous voyez ? Lorsque vous avez choisi un trait précis par la boite de dialogue, c'est ce trait qui est automatiquement réappliqué par le bouton *Bordures.*

Les bordures de paragraphes

Contrairement aux bordures de mots, les bordures de paragraphes offrent davantage de possibilités… mais demandent également un peu plus d'effort. Voyons cela de plus près.

Pour commencer, sélectionnez le titre **RECETTES MAISON**, en prenant bien soin de sélectionner également la marque de paragraphe ¶ . Centrez-le dans la page et augmentez sa taille à 26. Nous voulons maintenant l'encadrer. Cette fois encore, nous allons passer par la boite de dialogue *Bordure et trame* pour accéder à toutes les options. Cliquez à nouveau sur l'option 🔲 Bordure et trame… dans le bouton *Bordures* du groupe *Paragraphe*.

La boîte de dialogue *Bordure et trame* s'ouvre à l'écran, très légèrement différente de celle qui s'est affichée précédemment.

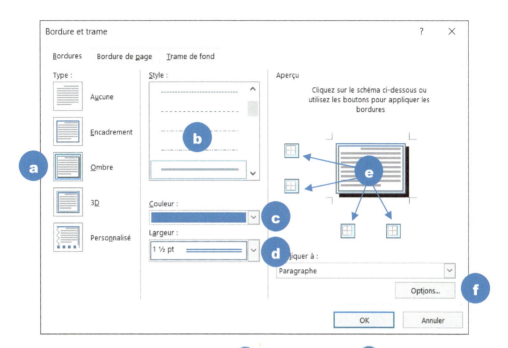

Sélectionnez un trait double dans la zone *style* **b**, la *couleur bleue* **c** et une *largeur de trait à 1 ½ pts* **d**, puis sélectionnez le *type* prédéfini de bordure *Ombre* **a** (sachant que vous pouvez également utiliser les quatre boutons de la zone *Aperçu* **e** pour personnaliser la position des traits, par exemple demander à ne pas avoir de trait au-dessus de la sélection).

Ce qui nous donne :

Oui, la bordure est longue, mais nous nous occuperons de la raccourcir dans un moment. Pour l'instant, nous voulons aérer un peu notre cadre :

- Utilisez le bouton Bordures pour rouvrir la boite de dialogue *Bordure et trame*

- Cliquez sur le bouton *Options*
- Augmentez à 10 la distance entre le texte et le trait haut et le trait bas (ignorez les zones *Gauche* et *Droite*, les traits latéraux étant gérés par des retraits paragraphes, comme expliqué ci-après).
- Validez

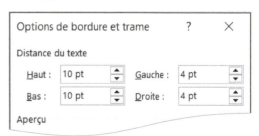

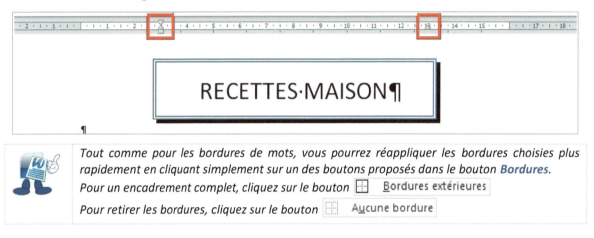

Occupons-nous maintenant de la longueur de nos bordures. En fait, il faut savoir que les bordures de paragraphe s'appliquent toujours sur toute la longueur de la ligne telle que définie par les retraits de paragraphe. Pour diminuer leur longueur, vous devez donc effectuer un retrait gauche et un retrait droit de paragraphe soit par la règle (voir image ci-dessous), soit par la boite de dialogue **Paragraphe**. Ici, un retrait de 3 cm à gauche et de 3 cm à droite nous suffisent.

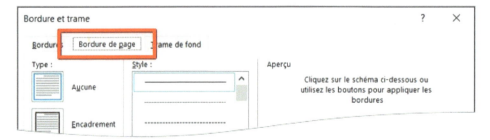

*Tout comme pour les bordures de mots, vous pourrez réappliquer les bordures choisies plus rapidement en cliquant simplement sur un des boutons proposés dans le bouton **Bordures**. Pour un encadrement complet, cliquez sur le bouton* [⊞] Bordures extérieures

Pour retirer les bordures, cliquez sur le bouton [⊡] Aucune bordure

Les bordures de page

Nous voici arrivés au troisième et dernier type de bordures possible dans Word : les ***bordures de page***. Plus riches que les bordures de mots ou de paragraphes, les bordures de page s'appliquent, comme leur nom l'indique, sur le contour des pages du document ; il sera donc inutile, pour une fois, de sélectionner avant d'appliquer notre mise en forme.

- Dans l'onglet ***Accueil***, groupe ***Paragraphe***, déroulez le bouton ***Bordures*** et cliquez sur
  [□] Bor_dure et trame... .

- Dans la boîte de dialogue ***Bordure et trame,*** cliquez sur l'onglet ***Bordures de page***.

Tout comme pour les autres bordures, vous pouvez là aussi choisir parmi une liste de traits dans la zone ***Styles***... Mais, plus intéressant encore, vous pouvez utiliser la zone ***Motif :*** pour sélectionner une bordure plus travaillée et plus sympathique !

Notez que vous pouvez modifier la largeur des motifs (31 points maximum) et, pour certains d'entre eux, leur couleur. Pour nos recettes de cuisine, nous voulons par exemple appliquer le motif en forme de part de gâteau, diminué à 25 pts au lieu de 31 pts.

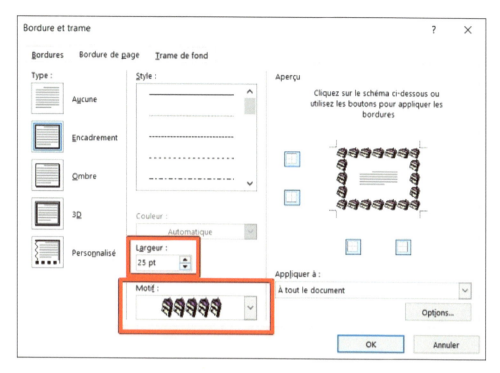

Ce qui nous donne :

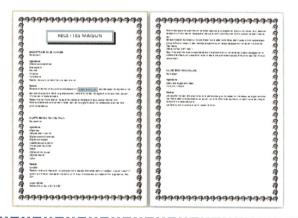

 Au besoin, cliquer sur le bouton *Options* [Options...] pour spécifier la position de la bordure à partir de bord de page ou à partir de texte, les marges entre la bordure et le texte…

La trame de fond

En complément des bordures de paragraphes ou de mots, vous pouvez ajouter une trame colorée en fond de texte.

- Sélectionnez le titre **Recettes maison**.
- Dans l'onglet *Accueil*, groupe *Paragraphe*, cliquez sur la flèche déroulante du bouton *Trame*

de fond ▾

- Sélectionnez la couleur de votre choix ou cliquez sur *Autres couleurs* pour davantage de choix.

Exercice

Réalisez pour les trois recettes du document les manipulations indiquées ci-dessous :

 Pour pouvoir réaliser une bordure de texte et non une bordure de paragraphe sur les sous-titres **Ingrédients** *et* **Recette***, il vous faudra pour une fois* ne pas *sélectionner la marque de paragraphe* ¶ *à droite de chaque sous-titre.*

Si cela s'avère trop difficile avec la souris, vous pouvez sélectionner le paragraphe puis corriger en passant par la zone **Appliquer à** *de la boite de dialogue* **Bordures et trame** *(sélectionner* **Texte** *à la place de* **Paragraphe***)*

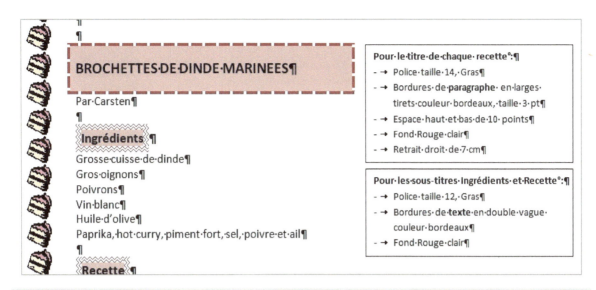

A CE POINT DU MANUEL, REALISER DES EXERCICES DE MISE EN APPLICATION POUR VALIDER LES CONNAISSANCES ACQUISES 17

La mise en page

On appelle « *mise en page* » d'un document tout ce qui a trait à son impression. Nous avons commencé à parler de la mise en page un peu plus tôt dans ce manuel, lorsque nous avons traité le sujet des marges et de l'orientation du papier. Mais la mise en page couvre d'autres d'options, qu'il est temps d'aborder maintenant.

L'orientation du papier

Mais tout d'abord, un petit rappel sur l'orientation du papier : il sera parfois nécessaire, pour une affiche ou pour un large tableau par exemple, de changer l'orientation du papier et choisir une impression à l'horizontal.

Nous allons par exemple créer très rapidement une affiche : créez un nouveau document et enregistrez-le sous le nom **Affiche restaurant VotrePrénom**. Saisissez le texte suivant :

Nous rappelons à notre aimable clientèle que le restaurant ouvre ses portes à 11h30.

Bon appétit !

Sélectionnez le texte et centrez-le dans la page, choisissez une taille de police **36** puis utilisez les boutons *Police* et *Couleur de police* 🔺 ˅ pour sélectionner une police (*Castellar*, *Impact* ou *Old English text* par exemple) et une couleur à votre goût.

Réglez l'interligne à **1,5** et ajouter un *espacement avant paragraphe* de **36** points pour aérer le texte.

Enfin, dans les *bordures de page*, choisissez le motif en forme de brioches 🧁 .

Lancez maintenant un aperçu avant impression pour visualiser votre document :

A présent, dans l'onglet *Disposition* (ou *Mise en page* pour la version Word 2013), utilisez le bouton

Orientation pour choisir une orientation *Paysage* et vous obtenez cela :

Enregistrez et refermez le document.

Les sauts de page

La taille des marges haute et basse ainsi que certaines options de mise en forme telle que la taille de la police déterminent le nombre de lignes disponibles dans la page. Au fur et à mesure de votre saisie, Word gère de façon automatique l'organisation du texte dans les pages et la création de nouvelles pages lorsque le texte dépasse la capacité de la feuille.

Toutefois, si l'endroit de la coupure de page ne vous convient pas, vous pouvez déterminer vous-même des sauts de page manuels (au début d'un chapitre par exemple).

Pour les manipulations qui suivent, ouvrez le document **Fables de la Fontaine VotrePrénom**.

Insérer un saut de page manuel

Nous voulons que chaque fable commence impérativement sur une nouvelle page ; les coupures de page créées automatiquement par Word durant la saisie ne correspondent pas à ce que nous voulons, nous allons donc remédier au problème.

- Positionnez votre curseur juste devant la première lettre du titre de la première fable, position à laquelle nous voulons créer notre saut de page.

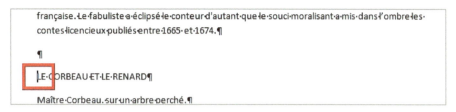

- Cliquez sur l'onglet *Disposition* (ou *Mise en page* pour la version Word 2013) et cliquez sur la flèche déroulante du bouton *Sauts de pages* ⊟ Sauts de pages ▾ .
- Dans la liste que s'affiche, cliquez sur l'option *Page*

Le saut de page est inséré et le texte situé après le curseur est aussitôt chassé sur la page suivante. Pour visualiser le saut de page, remontez en bas de la page précédente (si le saut de pagel n'est pas visible, activez le bouton *Afficher tout* ¶ du groupe *Paragraphe* dans l'onglet *Accueil*).

 Les sauts de page peuvent également être insérés depuis le groupe Pages *de l'onglet* Insertion *ou par le raccourci clavier* Ctrl Entrée Ctrl ⏎ Entrée

Recommencez l'opération pour chaque fable du document de façon à ce que chacune d'elles commence sur une nouvelle page.

Nous avons appris à insérer un saut de page, voyons maintenant comment le supprimer.

Supprimer un saut de page

Rien de plus simple que de supprimer un saut de page : cliquer sur la ligne représentant le saut de page et appuyer sur la touche *Suppr* Suppr au clavier. Une fois le saut de page supprimé, le texte qui avait été chassé sur la page suivante revient se positionner sur la page active. Faites le test avec l'un de vos sauts de page, puis cliquez sur le bouton *Annuler* de la barre d'outils *Accès rapide* pour annuler votre action.

> *Si vous voulez insérer une page vide dans votre document, vous pouvez utiliser le bouton **Page vierge** du groupe **Pages** dans l'onglet **Insertion** : Word créera alors lui-même un saut de page (ou plusieurs si nécessaire) à la position du curseur*

L'en-tête & pied de page

La zone d'*en-tête de page* et la zone de *pied de page* d'un document sont deux zones situées l'une en haut et l'autre en bas des pages, à l'intérieur des marges. Ces deux zones ont la même utilité : vous y ajouterez ce que vous voulez voir se répéter automatiquement sur toutes les pages du document, que ce soit du texte, un logo, une date ou les numéros des pages.

Pour accéder à la zone d'en-tête ou de pied de page, le moyen le plus simple et rapide consiste à double-cliquer dans la zone de marge haute au-dessus du texte :

Pour ressortir de l'en-tête et revenir au texte du document, double-cliquez cette fois sur la page de votre document en-dehors de la zone d'en-tête.

Pour accéder à l'en-tête ou au pied de page, vous pouvez également utiliser l'onglet *Insertion* : dans le groupe *En-tête et pied de page*, déroulez le bouton *En-tête* ou le bouton *Pied de page* et cliquez sur ⬜ Modifier l'en-tête (ou sur ⬜ Modifier le pied de page).

Quelle que soit la manière, ouvrez la zone d'en-tête du document **Fables de la Fontaine VotrePrénom**.

Aussitôt, la zone d'en-tête s'affiche et pour bien marquer que vous avez quitté la zone de saisie normale, votre texte situé en dehors de l'en-tête s'affiche en gris clair. Parallèlement, votre ruban s'adapte et affiche l'onglet contextuel *Création* à droite des onglets fixes.

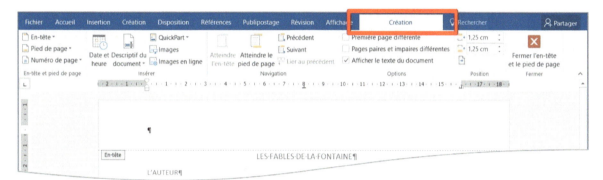

 *La notion d'**onglet contextuel** est d'importance capitale que l'on retrouve non seulement dans Word mais dans tout le pack office Microsoft. Il s'agit d'onglets supplémentaires qui restent masqués jusqu'à ce qu'un élément précis soit sélectionné ou activé. Les onglets contextuels s'affichent à la droite des onglets fixes.*

Votre curseur étant positionné à la marge gauche dans l'en-tête, réalisez les manipulations suivantes :
- Saisissez votre prénom et votre nom

- Appuyez une fois sur la touche tabulation 🔲 du clavier pour vous positionner au milieu de l'en-tête (pour information, si vous regardez votre règle, vous remarquerez un taquet de *tabulation de centrage* grâce auquel nous pouvons venir saisir au centre de l'en-tête ; les tabulations sont abordées plus loin dans ce manuel).

- Saisissez le texte **Formation Word** au centre de l'en-tête.

- Appuyez à nouveau sur la touche *tabulation* 🔲 du clavier pour vous positionner cette fois à la droite de l'en-tête (là encore, si vous regardez votre règle, vous pourrez voir une tabulation d'alignement droit positionnée sur la droite de la règle).

Cette fois, nous ne voulons rien saisir, nous voulons insérer la date du jour avec mise à jour automatique. Rien de plus facile :

- Dans l'onglet contextuel *Création*, cliquez sur le bouton *Date et heure* 🔲 du groupe *Insérer*

- Dans la boite de dialogue qui s'ouvre à l'écran, activez l'option *Mettre à jour automatiquement*

- Choisissez l'un des formats de date proposés dans la colonne de gauche

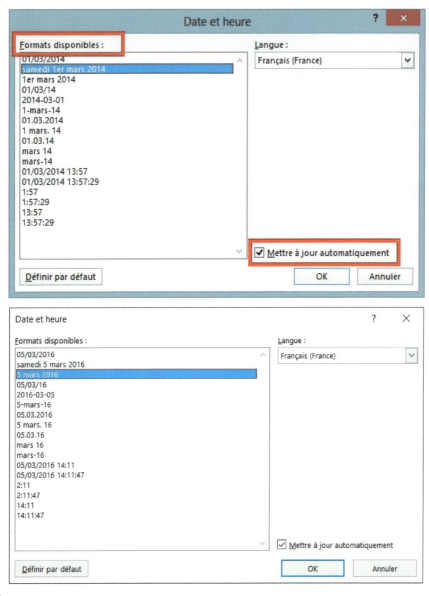

- Validez.

Nous allons maintenant rajouter le numéro de page sur le nombre total de pages (page X sur Y) dans le pied de page.

- Pour basculer rapidement en bas de page depuis la zone d'en-tête sans avoir à utiliser la barre de défilement, cliquez sur le bouton **_Atteindre le pied de page_** du groupe **_Navigation_** dans l'onglet contextuel **_Création_**.

- Une fois que votre curseur clignote bien dans la zone du pied de page, appuyez sur la touche *tabulation* ⇥ du clavier pour vous positionner en milieu de page.

- Cliquez sur le bouton *Numéro de page* # du groupe *En-tête et pied de page*, puis sur *Position actuelle* (sous-entendu position actuelle du curseur).

- Une liste de styles de numérotations s'affiche, descendez pour sélectionner l'option *Numéros en gras 2* de la rubrique *Page X sur Y*

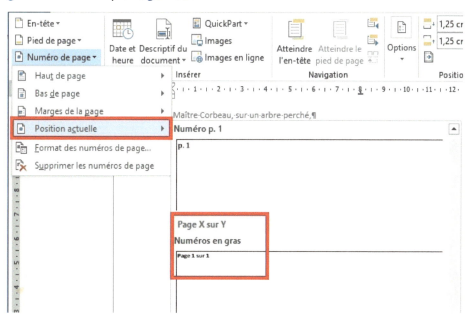

Le numéro de la page active sur le nombre de pages total dans le document s'insère à la position du curseur sous la forme « Page **x** sur **y** » avec les nombres formattés en gras.

Vous pouvez bien sûr si vous le souhaitez ôter le gras, effacer le mot « **Page** » et remplacer le mot « **sur** » par une barre oblique :

 Pour ajouter une numérotation de page, vous pouvez également passer par le même bouton Numéro de page proposé dans l'onglet Insertion.

Il est temps d'aller vérifier dans l'aperçu avant impression le résultat de nos efforts. Mais tout d'abord, il nous faut quitter la zone de pied de page. Nous vous rappelons que pour ce faire, vous pouvez tout simplement double-cliquer sur le fond de la page en-dehors de la zone du pied de page.

Alternativement, vous pouvez également utiliser le bouton *Fermer l'en-tête et le pied de page* de l'onglet contextuel *Création*.

Comme vous pouvez le constater si vous lancez votre *Aperçu avant impression*, ce que vous avez ajouté dans l'en-tête et dans le pied de page se répète automatiquement sur toutes les pages du document.

Différencier la première page

Toutes les pages d'un même document reprennent l'en-tête et le pied de page, mais vous pouvez très facilement demander à ce que la première page ne les affiche pas.

- Dans l'onglet *Disposition* (ou *Mise en page* pour la version Word 2013), cliquez sur le bouton lanceur du groupe *Mise en page*.

- Dans la boite de dialogue qui s'affiche, activez l'onglet *Disposition*.
- Cochez l'option *Première page différente*. Vérifiez, votre première page ne contient plus ni en-tête ni pied de page.

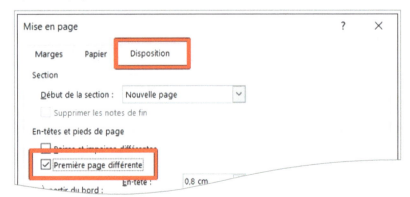

- Si vous retournez dans l'en-tête de page après avoir activé cette option, vous constaterez que

Word a scindé l'en-tête en deux : la première page du document indique **Premier en-tête** (ou **Premier pied de page**) et s'est vidée des informations que vous y aviez ajoutées.

Toutes les pages suivantes continuent bien d'indiquer **En-tête** et ont conservé les informations ajoutées plus tôt.

Nous préférons finalement conserver toutes les pages avec le même en-tête : retournez dans la boite de dialogue pour désactiver l'option *Première page différente*.

Les filigranes

Vous utilisez un filigrane lorsque vous souhaitez par exemple ajouter le mot **CONFIDENTIEL** en arrière-plan d'un contrat imprimé, ou le mot **BROUILLON** imprimé à 45 degrés en arrière-plan du texte, ou encore le logo de votre entreprise sur vos correspondances commerciales, ...

Dans notre cas, nous voulons ajouter un filigrane à notre fichier **Fables de la Fontaine VotrePrénom** :

- Positionnez votre curseur sur n'importe quelle page du document

- Dans l'onglet *Création,* groupe *Arrière-plan de page,* cliquez sur le bouton *Filigrane*

- Une liste des filigranes les plus courants s'affiche ; descendez dans la liste et cliquez sur l'option *Confidentiel 1*.
  Vous devriez voir apparaître le mot **CONFIDENTIEL** en gris clair au travers de vos pages. Pour vous en convaincre, n'hésitez pas à vérifier dans l'aperçu avant impression.

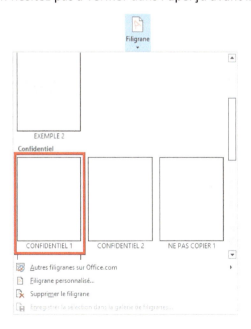

Mais comment faire pour saisir en filigrane un texte personnalisé ?

Créer un filigrane personnalisé

- Retournez dans le bouton *Filigrane* et cliquez sur **Filigrane personnalisé...**

- Dans la boite de dialogue qui s'ouvre à l'écran, activez l'option ⦿ Texte en filigrane et saisissez le texte de votre choix, par exemple **NE PAS DUPLIQUER**

- Sélectionnez si besoin une autre police, une taille, une couleur et le positionnement voulus, puis cliquez sur le bouton *Appliquer* pour les activer

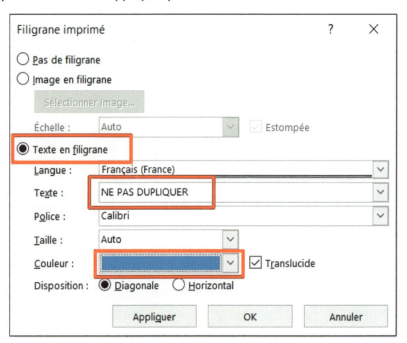

Ce qui nous donne :

Utiliser une image comme filigrane

Vous pouvez également utiliser des images comme filigranes. Pour cela, suivez la procédure suivante :
- Dans l'onglet *Création*, cliquez sur le bouton *Filigrane* puis sur *Filigrane personnalisé*
- Dans la boîte de dialogue *Filigrane imprimés*, cochez l'option *Image en filigrane*
  ⦿ Image en filigrane
- Cliquez sur le bouton *Sélectionner Image*

- Dans la boite de dialogue *Insérer des images* qui s'affiche à l'écran, cliquez sur le bouton *Parcourir* de la zone *A partir d'un fichier* et ouvrez le dossier contenant l'image à insérer (par exemple dans le dossier *Images* de votre ordinateur)

- Sélectionnez l'image à utiliser et cliquez sur *Insérer*

- Validez et vérifiez l'effet obtenu dans l'aperçu avant impression.

 A noter que les filigranes sont insérés dans l'en-tête de page. Pour les manipuler de façon plus directe et plus libre, n'hésitez pas à ouvrir votre zone d'en-tête et à cliquer sur l'élément en filigrane plus bas dans la page pour le personnaliser (changer son emplacement, sa taille...).

Supprimer un filigrane

Pour supprimer du texte ou une image en filigrane dans votre document, il suffit de cliquer sur le bouton *Filigrane* , puis sur *Supprimer le filigrane* Supprimer le filigrane .

Vous pouvez également activer la zone d'*en-tête de page* et sélectionner directement le filigrane avant d'appuyer sur la touche *Suppr* du clavier.

Les pages de garde

Rien de plus professionnel pour finaliser un document que d'ajouter une page de présentation incluant des graphismes soignés, le nom de votre société, son logo… ou tout autre élément de votre choix. Pour vous y aider, Word contient une galerie de *pages de garde* prédéfinies. Les pages de garde sont toujours insérées au début d'un document, indépendamment pour une fois de l'endroit où se trouve votre curseur dans le document.

- Dans votre document **Fables de la Fontaine Votre Prénom**, cliquez sur l'onglet *Insertion* puis sur bouton *Page de garde*  Page de garde ▾ du groupe *Pages*.
- Descendez dans la liste des pages de garde et sélectionnez le modèle *Whisp*.
- Cliquez dans la zone *Titre du document* et saisissez **Fables de la Fontaine**
- Supprimer la zone *Sous-titre du document*
- Cliquez sur la zone *Date* et sélectionnez la date du jour
- Cliquez sur la zone *Société* et saisissez un nom de société
- Cliquez sur la zone *Auteur* et saisissez votre prénom

Whisp

Supprimer une page de garde

Pour supprimer une page de garde, cliquez sur l'onglet *Insertion*, cliquez sur *Pages de garde* dans le groupe *Pages*, puis cliquez sur *Supprimer la page de garde actuelle* ▭ Supprimer la page de garde actuelle .

 Si vous insérez une autre page de garde dans le document, cette dernière remplace la première que vous avez insérée.

A CE POINT DU MANUEL, REALISER DES EXERCICES DE MISE EN APPLICATION POUR VALIDER LES CONNAISSANCES ACQUISES (21)

Les tabulations

Les tabulations sont utilisées pour positionner le texte dans la largeur de la page. Chaque taquet de tabulation permet de créer un « axe » par rapport auquel l'utilisateur pourra organiser le texte selon un alignement de son choix. Ci-dessous un exemple avec trois tabulations (**ne le saisissez pas encore, lisez simplement**).

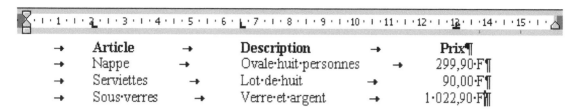

Il existe cinq alignements possibles sous un taquet de tabulation, sachant que la tabulation « barre » n'est guère utilisée car peu utile. Nous nous intéresserons donc uniquement aux quatre autres tabulations.

Exemples des différents alignements proposés par les tabulations (ne saisissez rien encore, observez simplement) **:**

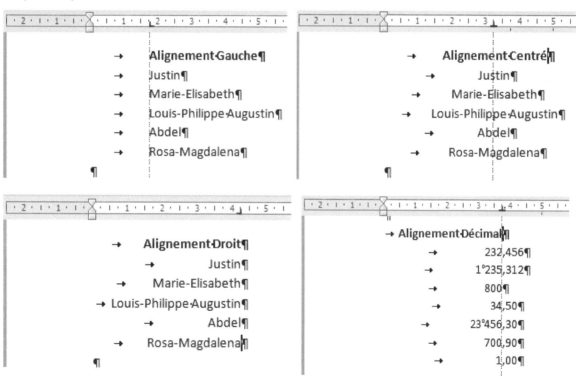

Pour les prochaines manipulations, créez un nouveau document vierge. Saisissez le texte **Liste des interventions du mois de janvier** suivi de deux lignes vides puis enregistrez votre fichier dans votre dossier personnel sous le nom **Tabulations premiers pas VotrePrénom**.

Nous voulons maintenant ajouter le texte suivant en dessous de notre première phrase (ne le saisissez pas pour l'instant) :

Liste des interventions du mois de janvier :

Nom et prénom	Service	Facturation

LAURAND Marine	Commercial	3 250,25 €
MUGER Anne	DRH	800,00 €
DELACROIX André	Commercial	1 225,00 €

Il s'agit ici de petits bouts de textes brefs alignés à différents endroits dans la largeur de la page. Aucun doute, l'heure est venue d'utiliser les tabulations (ou un tableau, d'ailleurs, mais ceci sera une autre histoire).

 Contrairement à la mise en forme en général, pas de saisie au kilomètre pour les tabulations : elles doivent être posées au fur et à mesure de la saisie car elles s'allient à la touche clavier ⬚.

Elles sont donc l'exception qui confirme la règle avec les tableaux qui eux aussi, nécessitent d'être créés avant la saisie du texte qu'ils contiennent.

Assurez-vous que votre curseur se trouve bien sur la dernière ligne vide en-dessous du texte saisi précédemment.

Définir les tabulations

Le plus simple lorsqu'il s'agit des tabulations est de travailler dans la règle : tout à gauche de la règle, vous pouvez voir un petit carré affichant normalement le symbole **L** . Il s'agit du taquet de tabulation gauche, ce qui tombe très bien puisque c'est celui que nous voulons utiliser dans un premier temps.

Puisqu'il est déjà affiché, n'y touchez pas et à l'aide de votre souris, visez la partie graduée de la règle au niveau de 2,25 cm et cliquez : le signe de la tabulation apparaît :

Recommencez pour poser un nouveau taquet de tabulation à 7 cm, puis un autre à 13,5 cm. Vous devez obtenir le résultat suivant :

A présent, il nous faut aller saisir du texte sous le premier taquet de tabulation posé dans la règle : pour cela, appuyez une fois sur la touche *Tabulation* ⬚ du clavier. Votre curseur fait un petit bond dans la page et se positionne juste sous le premier taquet. Saisissez le texte **Nom et Prénom**.

Appuyez à nouveau sur la touche *Tabulation* ⬚ du clavier pour positionner votre curseur sous le deuxième taquet dans la règle et saisissez **Service**. Appuyer une troisième fois sur *Tabulation* ⬚ pour aller saisir **Facturation** sous le dernier taquet.

Appuyez deux fois sur la touche *Entrée* ⬚ du clavier pour passer à la ligne et laisser une ligne vide de séparation.

Appuyez sur ⬚ pour repositionner votre curseur sous le premier taquet et saisissez **LAURAND Marine**, puis ⬚ et saisissez **Commercial**. Ce qui nous donne :

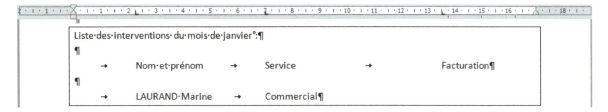

Nous voudrions poursuivre la saisie, mais nous avons un problème : nous allons saisir un chiffre et si nous laissons la tabulation d'alignement gauche, les chiffres s'alignerons... par leur gauche, bien sûr ! Et non, cela ne convient pas : il faut que les unités soient sous les unités, les dizaines sous les dizaines, etc. Il nous faut donc la tabulation spéciale chiffres, la tabulation *décimale*.

Supprimer une tabulation

Procédons par ordre : tout d'abord, il faut nous débarrasser de la tabulation gauche posée à 13,5 cm qui ne nous convient plus à présent que nous voulons aligner des nombres. Visez le taquet dans la règle, cliquez dessus et faites-le glisser en dessous de la règle avant de relâcher le bouton de la souris. Et voilà !

Retournons maintenant visiter notre petit carré à gauche de la règle. Il affiche toujours la tabulation d'alignement *gauche* ⌊L⌋. Cliquez dessus 3 fois pour atteindre la tabulation *décimale* ⌊⊥⌋. Une fois qu'elle est affichée, visez la règle à la graduation 14 et cliquez pour positionner le taquet.

Appuyer sur la touche ⇤ du clavier et saisissez le chiffre **3 250,25 €**. Comme vous le voyez, la virgule du chiffre s'aligne sous le taquet de la tabulation. Voyons ce qui se passera lorsque nous saisirons les autres lignes.

Appuyez sur *Entrée* ⏎ Entrée au clavier puis sur ⇤ et poursuivez la saisie des lignes. Vous voyez ? Aucun problème, le texte s'aligne sur sa gauche grâce aux deux tabulations d'alignement gauche tandis que les nombres s'alignent parfaitement au niveau de la virgule grâce à la tabulation d'alignement décimale.

Liste·des·interventions·du·mois·de·janvier°:¶
¶
→   Nom·et·prénom   →   Service   →   Facturation¶
¶
→   LAURAND·Marine   →   Commercial   →   3°250,25·€¶
→   MUGER·Anne   →   DRH   →   800,00·€¶
→   DELACROIX·André   →   Commercial   →   1°225,00·€¶

Parfaitement ? Pas tout à fait quand même. Les chiffres sont trop à gauche par rapport au texte **Facturation**. Qu'à cela ne tienne, nous allons les déplacer. Pour cela, il nous suffit de déplacer légèrement le taquet sur lequel ils s'alignent.

Déplacer une tabulation

Tout d'abord, il est impératif de sélectionnez vos trois lignes désignant les personnes (n'incluez pas la ligne de titre) puisque c'est sur tout l'ensemble que nous voulons modifier la tabulation. Une fois la sélection effectuée, cliquez-glissez sur la tabulation décimale pour la déplacer à 14,5 cm.

Voilà qui est mieux.

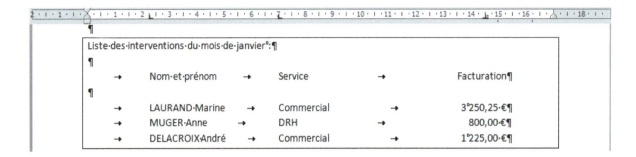

 La boite de dialogue **Tabulations** *peut également servir à positionner des taquets dans la règle. La méthode est plus longue et plus fastidieuse, nous ne la détaillerons pas ici.*

A CE POINT DU MANUEL, REALISER DES EXERCICES DE MISE EN APPLICATION POUR VALIDER LES CONNAISSANCES ACQUISES **27**

Ajouter des points de suite

Dernier petit détail, nous aimerions que des points relient nos informations. Nous allons donc ajouter des « *points de suite* ». Cette fois, la règle n'y suffira pas, il nous faut ouvrir la boite de dialogue des tabulations.

- Sélectionnez à nouveau vos trois dernières lignes et double-cliquez sur une des tabulations visibles dans la règle. Si le double-clic vous pose problème, vous pouvez également passer par le bouton lanceur du groupe *Paragraphe* dans l'onglet *Accueil* puis cliquer sur le bouton Tabulations... en bas à gauche.

 Si les tabulations sont presque invisibles dans la règle et qu'elles n'apparaissent pas (ou seulement en partie) dans la boite de dialogue Tabulations, *c'est que les lignes sélectionnées n'ont pas toutes les mêmes tabulations. Attention à votre sélection !*

- La fenêtre *Tabulations* s'ouvre à l'écran.

- Sélectionnez dans la liste la première tabulation sur laquelle devront **arriver** les points de suite, c'est-à-dire celle à 7 cm.

- Dans la zone *Points de suite*, sélectionner l'option 2 pour obtenir des points (l'option 3 propose des tirets, l'option 4 un trait continu).

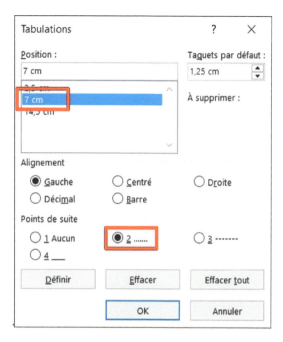

- Cliquez sur le bouton *Définir* pour valider votre choix sans refermer la boite de dialogue.

- Cliquez maintenant sur la tabulation à 14,5 cm (Word vous indique dans la zone *Alignement* qu'il s'agit d'une tabulation décimale)

- Dans la zone *Points de suite*, sélectionnez à nouveau l'option 2.

- Validez par *OK*

- Pour mieux vous rendre compte du résultat, lancez l'aperçu avant impression.

 Si vous ne définissez aucune tabulation, Word conservera ses tabulations par défaut, d'alignement gauche, disposées tous les 1,25 cm dans la règle.

Ce sont ces taquets invisibles que vous utilisez si vous n'avez pas posé les vôtres dans la règle et que vous utilisez la touche ⬚ du clavier. Essayez par exemple de créer un nouveau document et d'appuyer à trois ou quatre reprises sur la touche ⬚ : votre curseur se déplace chaque fois d'un petit bond vers la droite.

A présent, nous allons tester les tabulations d'alignement droit et d'alignement centré.

Dans votre document **Tabulations premiers pas VotrePrénom**, ajoutez quelques lignes vides en dessous de votre première liste.

Sur la dernière ligne vide créée, supprimez toutes les tabulations dans la règle.

Pour supprimer rapidement toutes les tabulations d'une ligne, ouvrez la boite de dialogue **Tabulations** *et cliquez sur le bouton* **Effacer tout** Effacer tout *plutôt que les faire glisser une à une en-dessous de la règle.*

Saisissez le texte ci-dessus en positionnant les taquets de tabulations suivants dans la règle :

- ⌞ Gauche à 1,5 cm
- ⊥ Centré à 8,5 cm
- ⌟ Droite à 15,5 cm

Jour	Evènement	Lieu
Mardi 16 juin	Sortie Parc des Expositions	Paris
Jeudi 2 juillet	Fête de fin d'année	Ecole Les P'tits Loups
Mercredi 15 septembre	Sortie cinéma	Paris
Samedi 11 octobre	Journée Portes Ouvertes	Marie de Paris
Vendredi 30 novembre	Sortie Parc des Félins	Seine et Marne

Terminé ? Bravo !

Ajoutez encore quelques lignes vides et supprimez à nouveau toutes les tabulations des deux dernières lignes vides créées. Positionnez votre curseur sur l'avant-dernière ligne.

Nous voulons poser une tabulation d'alignement gauche à 17,5 cm, c'est à dire dans la marge droite. Nous allons cette fois utiliser la boite de dialogue des tabulations pour poser notre taquet :

- Cliquez sur le bouton lanceur 🔲 du groupe *Paragraphe* puis sur le bouton *Tabulations*
- Positionnez votre curseur dans la zone *Position* et saisissez **16** au clavier
- L'alignement de la tabulation créée importe peu, nous laisserons donc l'option *Gauche* cochée dans la zone *Alignement*
- Ajoutez des points de suite (option 4)
- Validez par *OK* pour revenir au texte

- Appuyez une fois sur la touche ⇥ du clavier pour positionner votre curseur sous la tabulation : la ligne des points de suite apparait
- Repositionnez votre curseur en tout début de ligne et utilisez le bouton *Symbole* Ω dans l'onglet *Insertion* pour insérez à la marge gauche le caractère ✄

- Sélectionnez le symbole et grossissez-le à la taille 18

- Faites glisser la bobine  des retraits de paragraphes à – 1,5 cm dans la règle pour effectuer un retrait négatif gauche

Vous devez avoir obtenu ceci :

- Enfin, positionnez votre curseur sur la dernière ligne vide sous les ciseaux et à l'aide des tabulations qui conviennent, positionnez correctement le texte suivant :

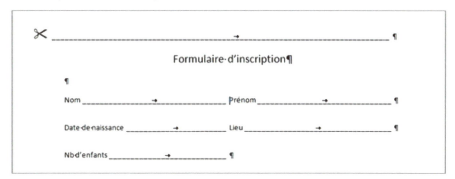

Enregistrez et refermez votre document **Tabulations premiers pas VotrePrénom**.

A CE POINT DU MANUEL, REALISER DES EXERCICES DE MISE EN APPLICATION POUR VALIDER LES CONNAISSANCES ACQUISES ③②

Copier et déplacer

Il arrive fréquemment dans Word ou dans tout autre logiciel, que nous souhaitions *recopier* un texte, une image ou un tableau, ou tout autre élément créé dans notre document. Il arrive aussi que le texte, l'image ou le tableau ne soit pas à la bonne place et que nous voulions le *déplacer*. Nous devons dans ce cas faire appel aux commandes *Copier et Coller* ou *Couper et Coller*.

Tout élément copié ou coupé peut être « collé », c'est-à-dire récupéré, une ou plusieurs fois à un autre endroit du document actif, d'un autre document Word ou même dans un fichier d'une autre application Windows.

Principes de base du copier/coller et du couper/coller (pour l'instant, lisez simplement sans effectuer de manipulations) :

Copier un élément

Pour recopier un élément, vous devrez systématiquement procéder en quatre étapes distinctes :

- Sélectionner l'élément à recopier (texte, tableau, image…)

- Dans l'onglet *Accueil*, groupe *Presse-papiers*, cliquer sur le bouton *Copier* 🗐 Copier (il ne se

passe rien de visible, mais Word mémorise bien instantanément l'élément sélectionné)
- Positionner le curseur à l'endroit où doit être effectuée la recopie
- Dans l'onglet *Accueil*, groupe *Presse-papiers*, cliquer sur la partie supérieure du bouton *Coller*

- L'élément copié s'insère à la position du curseur

 Si vous cliquez sur la partie inférieure du bouton Coller, une liste s'affiche vous donnant le choix entre plusieurs types de collage. Choisissez dans ce cas le premier bouton proposé

Déplacer un élément

Déplacer un élément se passe sensiblement de la même façon que lorsque l'on souhaite le recopier :

- Sélectionner l'élément à déplacer (texte, tableau, image…)
- Dans l'onglet *Accueil*, groupe *Presse-papiers*, cliquer sur le bouton *Couper* ✂ Couper (l'élément sélectionné disparaît)
- Positionner le curseur au nouvel endroit où doit être placé l'élément
- Dans l'onglet *Accueil*, groupe *Presse-papiers*, cliquer sur la partie supérieure du bouton *Coller*
- L'élément coupé s'insère à la position du curseur

Les raccourcis clavier

Dans votre intérêt, il serait souhaitable que vous mémorisiez également les raccourcis clavier utilisables lors d'un copier/coller ou d'un couper/coller, car non seulement ils sont rapides mais plus important, ils sont parfois la seule méthode utilisable :

Copier : *maintenez la touche clavier* `Ctrl` *enfoncée puis appuyez brièvement sur la touche clavier* `C`

Couper : *maintenez la touche clavier* `Ctrl` *enfoncée puis appuyez brièvement sur la touche clavier* `X`

Coller : *maintenez la touche clavier* `Ctrl` *enfoncée puis appuyez brièvement sur la touche clavier* `V`

 Le clic droit de la souris propose également les commandes Copier, Couper et Coller. Attention cependant lorsque vous copiez à bien effectuer votre clic droit sur la partie sélectionnée.

A présent, c'est à vous : ouvrez le document **Aznavour chanson Emmenez-moi** et enregistrez-le dans votre dossier sous le nom **Aznavour chanson Emmenez-moi VotrePrénom** avant d'effectuer les manipulations indiquées directement dans le document.

 Les *options* de collage

Lorsque vous venez de coller un élément, Word affiche brièvement la balise de collage 📋 (Ctrl) ▾ . Si vous cliquez sur cette balise, vous obtiendrez différentes options de collage selon l'élément copié ou coupé. Pour du texte par exemple, Word pourra afficher les options suivantes :

Ces options concernent les mises en forme appliquées sur le texte copié ou coupé :

- le bouton conservera la mise en forme,

- le bouton adaptera la mise en forme en fonction de l'endroit du collage

- le bouton ne conservera que le texte brut sans les mises en forme.

N'hésitez pas à tester chaque option avant de choisir la plus intéressante pour vous.

A noter que ces options sont également disponibles dans le bouton *Coller* du ruban si vous cliquez sur sa flèche déroulante au lieu de cliquer directement sur la partie supérieure du bouton.

Le Presse-papiers Office

Il est possible de mettre en mémoire plusieurs éléments afin de les recopier successivement ou simultanément grâce au *Presse-papiers Office*.

Il nous faut tout d'abord afficher le *Presse-papiers Office* : dans l'onglet *Accueil*, cliquez sur le bouton lanceur en bas à droite du groupe *Presse-papiers*.

Le volet *Presse-papiers* s'affiche aussitôt à gauche de la fenêtre Word. Il peut être vide (image de gauche) ou contenir déjà plusieurs éléments précédemment copiés ou coupés (image de droite).

Utiliser le Presse-papiers Office

- Sélectionner le premier élément à recopier ou à déplacer et cliquer sur le bouton Copier ou sur le bouton Couper

- Recommencer l'opération ci-dessus pour chaque élément à recopier ou déplacer (24 maximum)
- Positionner le curseur à l'endroit où doit être effectuée l'insertion et dans la liste du Presse-papiers, cliquer sur l'élément à récupérer

   Recommencer l'opération ci-dessus pour recopier chaque élément du *Presse-papiers* ou cliquer sur le bouton *Coller tout* | Coller tout | pour recopier en bloc tous les éléments du *Presse-papiers*

Pour tester le *Presse papiers Office*, ouvrez le document **Aznavour biographie** et effectuez les manipulations indiquées directement dans le document.

 ## Le glisser-déplacer

La méthode du *Glisser – déplacer* représente une autre façon de déplacer, ou même recopier, du texte ou tout élément du document. Rapide, cette méthode n'est cependant véritablement utilisable que lorsque que la destination de l'élément à déplacer ou recopier est proche de sa position d'origine.

Faire glisser un élément pour le déplacer

- Sélectionnez l'élément ; cliquez dessus à l'aide du bouton gauche de votre souris (pointeur) et sans relâcher le bouton, faites glisser l'élément jusqu'à l'endroit du document où il doit être repositionné
- Le pointeur prend la forme ; un trait vertical suit le mouvement du pointeur durant le cliquer-glisser, indiquant la position à laquelle sera placé l'élément au relâchement du bouton de la souris. Relâchez le bouton de la souris

Faire glisser un élément pour le recopier

Effectuer les manipulations ci-dessus en maintenant la touche *Ctrl* Ctrl du clavier enfoncée (le pointeur prend la forme)

 *La fonction **Glisser-Déplacer** peut avoir été désactivée : pour la réactiver, cliquez sur le bouton **Options** dans l'onglet **Fichier**, sélectionnez dans la liste de gauche la rubrique **Options avancées**, puis sous **Options d'édition**, cocher l'option*

☑ Autoriser le déplacement de texte par glisser-déplacer

Rechercher & remplacer

Les commandes *Rechercher* et *Remplacer* permettent de retrouver ou remplacer rapidement un mot, un groupe de mots ou une mise en forme spécifique dans le document.

Pour effectuer les manipulations qui suivent, ouvrez le document **Fables de la Fontaine VotrePrénom.**

La recherche

- Dans l'onglet *Accueil*, groupe *Modification* à droite du ruban, cliquez sur le bouton *Rechercher*

   🔍 Rechercher ▾ (pour lancer rapidement la recherche, vous pouvez utiliser le raccourci clavier Ctrl F).

- Le *volet de navigation* s'affiche automatiquement à gauche de votre écran.
- Pour rechercher un mot ou une suite de mots, saisissez-les dans la zone Rechercher un document 🔍 en haut du volet et appuyez sur la touche *Entrée* ⏎ Entrée au clavier pour lancer la recherche ou attendez un instant pour qu'elle se lance automatiquement.
- Word affiche instantanément dans le volet de navigation les différentes occurrences du ou des mots trouvées dans le document et parallèlement, surligne en jaune ces mêmes occurrences dans le texte.

 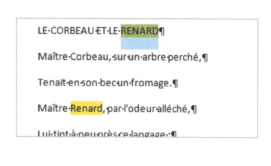

- Pour vous positionner rapidement sur une occurrence, cliquez dessus dans la liste du volet ou utilisez les boutons ▲ ▼ pour passer à l'occurrence suivante ou à la précédente.
- Pour mettre fin à la recherche, cliquez sur le croix de fermeture du volet de navigation ✖

 *Au lieu de saisir un texte dans la zone de recherche, vous pouvez utiliser le bouton **Loupe** 🔍 pour choisir de rechercher les tableaux, les images ou autres types d'éléments de votre document*

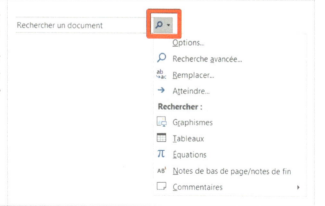

La fenêtre de recherche

Pour ouvrir la fenêtre de recherche, suivez les instructions suivantes :

- Dans l'onglet *Accueil*, groupe *Modification*, cliquez sur la flèche déroulante du bouton *Rechercher* 🔍 Rechercher ▾ puis sur l'option *Recherche avancée* 🔍 Recherche avancée...

- Dans la fenêtre *Rechercher et remplacer* qui s'affiche, dans l'onglet *Rechercher*, cliquez au besoin sur le bouton [Plus >>] pour développer la fenêtre et afficher toutes les options de recherche (le bouton [Plus >>] se transforme en bouton [<< Moins] pour revenir à une fenêtre réduite).

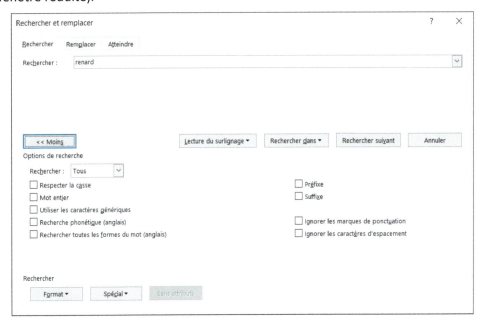

La recherche de texte

Dans la zone *Rechercher:*, saisissez le texte à trouver.

Dans la partie *Options de recherche*, affinez au besoin les résultats en indiquant par exemple :

- *Lecture du surlignage* : cliquez sur [Tout surligner] pour que les mots trouvés dans le document soient surlignés en jaune dans le texte
- *Rechercher dans* : indiquez dans quelle partie du document Word doit effectuer la recherche (texte, en-tête, commentaires…)
- *Respecter la casse* : cochez l'option si le ou les mots doivent être recherchés dans la même casse (majuscule/minuscule) que celle utilisée dans la zone *Rechercher*
- *Mot entier*: cochez l'option si le texte saisi dans la zone *Rechercher* doit être un mot entier dans le document (recherche du mot **renard** mais pas de **renarde**, **renards** ou **renardeau**)
- *Caractères génériques* : voir ci-après le paragraphe sur les caractères génériques

Lancez la recherche en cliquant sur le bouton [Suivant] : aussitôt, Word se positionne sur la première occurrence dans le texte. Si nécessaire cliquez à nouveau sur [Suivant] pour poursuivre la recherche.

A la fin de la recherche, Word affiche un message vous confirmant que l'opération est terminée.

 **La recherche de caractères spéciaux**

Vous pouvez parfois être amené à devoir trouver des caractères spéciaux tels que les marques de paragraphes, de retour à la ligne ou de sauts de page dans votre texte. Dans ce cas, ouvrez la fenêtre de recherche puis cliquez sur le bouton *Spécial* [Spécial ▾] et sélectionnez le caractère dans la liste proposée.

Marque de paragraphe

Tabulation

Tout caractère

Tout chiffre

Toute lettre

Signe ^

§ Caractère de section

¶ Caractère de paragraphe

Saut de colonne

 **Utilisation des caractères génériques**

Les caractères génériques sont des « jokers » utilisés pour effectuer une recherche approximative de texte. Si vous avez saisi un caractère générique dans la zone *Rechercher*, cochez impérativement l'option *Utiliser les caractères génériques* ☑ Utiliser les caractères génériques

Caractère * :   utiliser ce caractère en remplacement de n'importe quelle chaîne de caractères.

Par exemple : la recherche de **sup*r** trouverait **supporter**, **supprimer**, **super** …

Caractère ? :   utiliser ce caractère en remplacement de n'importe quel caractère unique.

Par exemple : la recherche de **re ?ard** trouverait les mots **renard**, **retard**, **regard**…

Le remplacement

Word peut vous aider à remplacer automatiquement un mot ou une suite de mots. Pour cela, il vous faudra utiliser l'onglet *Remplacer* de la fenêtre *Rechercher et remplacer* :

- Dans l'onglet *Accueil*, groupe *Modification*, cliquez sur la flèche déroulante du bouton *Rechercher* puis sur l'option *Recherche avancée.*

- Dans la fenêtre qui s'affiche, cliquez sur l'onglet *Remplacer*.

Pour lancer rapidement la commande *Remplacer*, utilisez le raccourci clavier **Ctrl H**

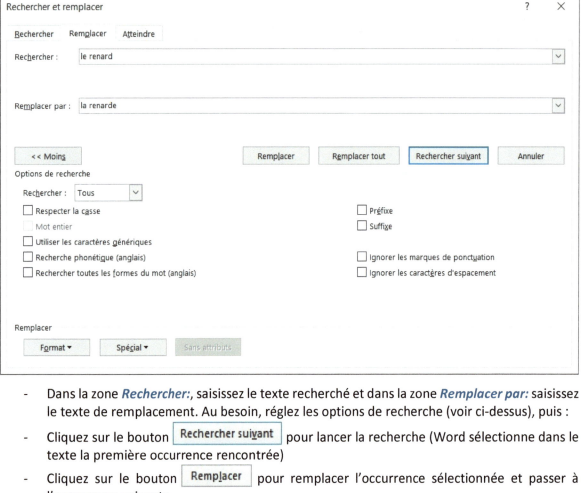

- Dans la zone *Rechercher:*, saisissez le texte recherché et dans la zone *Remplacer par:* saisissez le texte de remplacement. Au besoin, réglez les options de recherche (voir ci-dessus), puis :

- Cliquez sur le bouton Rechercher suivant pour lancer la recherche (Word sélectionne dans le texte la première occurrence rencontrée)

- Cliquez sur le bouton Remplacer pour remplacer l'occurrence sélectionnée et passer à l'occurrence suivante

- Cliquez sur le bouton Rechercher suivant pour passer à l'occurrence suivante sans remplacer l'occurrence sélectionnée

- Cliquez sur le bouton Remplacer tout pour remplacer automatiquement toutes les occurrences dans le document

 Il vous revient de faire très attention aux accords masculin/féminin et singulier/pluriel lorsque vous remplacez un texte par un autre car Word n'en tiendra aucun compte.

 ## Rechercher et/ou remplacer une mise en forme

Les fonctions de recherche et de remplacement peuvent également être utilisées pour retrouver ou remplacer certaines mises en forme de texte. Imaginons par exemple que nous voulions mettre en gras le mot **corbeau** partout dans notre document **Fables de la Fontaine VotrePrénom**. Voici comment procéder :

- Ouvrez la fenêtre *Rechercher et remplacer* et activez l'onglet *Remplacer*
- Dans la zone *Rechercher*, saisissez le mot **corbeau**

- Positionnez votre curseur dans la zone *Remplacer* et déroulez le bouton [Format ▾]
- Cliquez sur *Police*, puis dans la boite de dialogue qui s'affiche, cliquez sur *Gras* et validez.

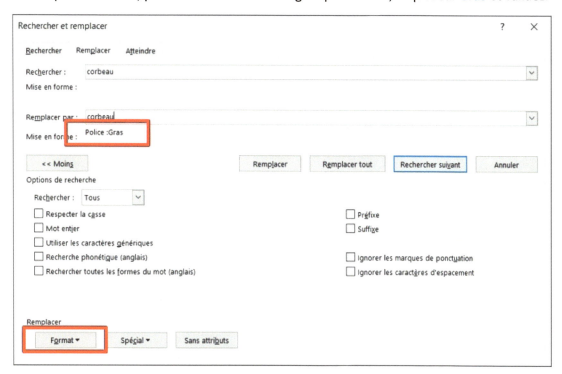

Cliquez sur le bouton *Rechercher Suivant* pour lancer normalement la recherche ou le remplacement. Word recherche le mot **corbeau** et le met automatiquement en gras lorsque vous cliquez sur *Remplacer*.

Vous pouvez refermer votre document sans l'enregistrer.

Pour supprimer les options de mise en forme déterminées dans les zones *Rechercher* ou *Remplacer,* positionnez votre curseur dans la zone concernée puis cliquez sur le bouton *Sans attributs* [Sans attributs] en bas de la fenêtre.

Les tableaux

Bien que Word soit avant tout un traitement de texte, il offre également la possibilité de créer des tableaux très rapidement et très simplement. Si toutefois votre tableau doit contenir des calculs ou s'étale sur de nombreuses colonnes, choisissez de préférence Excel à Word.

Pour les manipulations qui suivent, créez un nouveau document Word. Saisissez en titre **Les tableaux Word** suivi de deux lignes vides. Enregistrez-le dans votre dossier sous le nom **Premier tableau VotrePrénom**.

Insérer un tableau

Vérifiez que votre curseur se trouve bien sur la dernière ligne créée dans votre document puis cliquez sur l'onglet *Insertion*. Cliquez sur le bouton *Tableau* ▦ et cliquez-glissez sur les cases qui s'affichent pour sélectionner 5 colonnes sur 2 lignes :

Relâchez le bouton de la souris : c'est fait, votre tableau est créé !

Imaginons maintenant que nous voulions supprimer ce tableau. La touche *Suppr* du clavier ne convient pas, car elle viderait les cellules du tableau de leur contenu mais ne supprimerait par les cellules elles-mêmes.

Supprimer un tableau

Pour supprimer un tableau, sélectionnez-le ou veillez à ce que le curseur soit bien dans une des cellules du tableau. Cliquez sur l'onglet contextuel *Disposition* des *Outils de tableau*, puis déroulez le bouton *Supprimer* et cliquez sur *Supprimer le tableau*

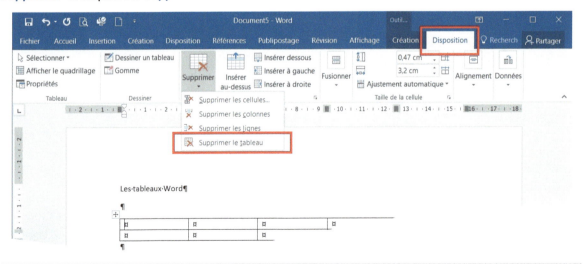

 *Nous retrouvons ici la notion d'onglet dit « **contextuel** » : pour rappel, ce sont ces onglets qui ne s'affichent que lorsqu'un élément bien particulier est sélectionné, tel qu'ici un tableau. Il est donc impératif lorsque l'on travaille avec les tableaux Word de toujours veiller à ce que le curseur ou la sélection active soit bien sur le tableau, sous peine de ne pas trouver les boutons dont vous parle ce manuel.*

- Insérez à présent un nouveau tableau, cette fois en utilisant la commande *Insérer un tableau* du bouton *Tableau* dans l'onglet *Insertion.*
- Dans la fenêtre qui s'ouvre à l'écran, choisissez 4 colonnes sur 6 lignes et validez par *OK*.

Notez dans les deux cas, votre tableau occupe toute la largeur de la page.

A ce titre, si votre tableau final sera plus large que haut, mieux vaudra modifier l'orientation du papier avant d'insérer votre tableau plutôt qu'après.

La saisie dans un tableau

Pour saisir dans un tableau, le plus efficace est d'utiliser la touche *Tabulation* du clavier pour passer d'une cellule à l'autre. Vous pouvez également utiliser le clic de la souris ou les flèches directionnelles du clavier.

 Si vous utilisez la touche Tabulation depuis la toute dernière cellule du tableau en bas à droite, vous créerez automatiquement une nouvelle ligne vide en fin de tableau.

Saisissez les données suivantes dans votre tableau :

Nom et prénom	N° de lots	Millièmes	Quote-Part
AVALON Michel	134	250	3750
FEROUZ Nadia	25	325	4875
NANTET Rosa	8	70	1050
RODRIGUEZ Leon	120	290	4350
VICK Edna	2	20	300

Description et sélection

Prenez un instant pour examiner votre tableau avant de commencer à le travailler :

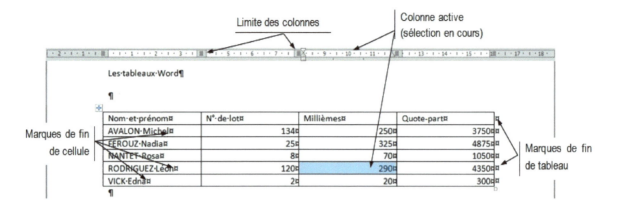

Les différents éléments du tableau :

Règle	Lorsque le curseur est positionné dans le tableau, la règle indique les limites du tableau et de ses colonnes.
Limites de colonnes	Les damiers dans la règle symbolisent les limites des colonnes du tableau
Marques de fin de cellule	Les marques de fin de cellule correspondent au symbole de paragraphe ¶ dans le texte. Par défaut, une cellule contient donc un paragraphe. Pour créer de nouveaux paragraphes à l'intérieur d'une cellule, appuyez sur la touche *Entrée* au clavier
Marques de fin de tableau	Les marques situées à droite de la dernière colonne symbolisent la fin du tableau.

Toujours avant de commencer à modifier votre tableau, apprenez quelques astuces pour bien sélectionner le tableau ou l'un de ses éléments :

SELECTIONNER DANS UN TABLEAU	
Une ligne de cellules	Cliquer en marge gauche face à la ligne (pointeur ⟋)
Plusieurs lignes	Cliquer-glisser en marge gauche face aux lignes (pointeur ⟋)
Une colonne	Cliquer juste au-dessus de la colonne (pointeur ↓)
Plusieurs colonnes	Cliquer-glisser au-dessus des colonnes (pointeur ↓)
Une cellule	Cliquer sur la cellule (pointeur ↗)
Plusieurs cellules	Cliquer-glisser sur les cellules
Le tableau	Cliquer sur le symbole ✛ au coin supérieur gauche du tableau Ou cliquer-glisser au-dessus des colonnes (pointeur ↓)

Mise en forme du tableau

Pour effectuer les manipulations qui suivent, utilisez le document **Premier tableau VotrePrénom** créé précédemment.

Les styles de tableaux

Pour effectuer rapidement la mise en forme d'un tableau, n'hésitez pas à utiliser les *styles de tableaux* proposés dans l'onglet contextuel d'outils de tableaux *Création*

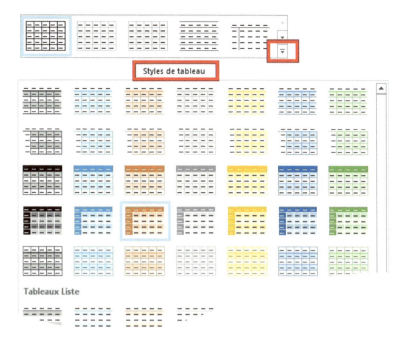

 Pour que les lignes ou colonnes de titres et de totaux soient mises en forme de façon plus soutenue lorsque soutenue, utilisez les options du groupe Options de style de tableau

☑ Ligne d'en-tête   ☑ Première colonne
☐ Ligne Total   ☐ Dernière colonne
☑ Lignes à bandes   ☐ Colonnes à bandes

Options de style de tableau

La mise en forme personnalisée

Pour personnaliser votre propre mise en forme en toute liberté, vous pouvez utiliser les outils des onglets contextuels *Création* ou *Disposition* tels que :

Dans l'onglet *Création* :

- Le bouton *Trame de fond*
- Les boutons du groupe *Bordures*, à savoir :
  - Le bouton *Styles de bordures* pour un choix prédéfini de mise en forme des bordures ou pour retrouver la mise en forme de bordures déjà appliquées

  - Les trois boutons *Style du stylo*, *Epaisseur du stylo* et *Couleur du stylet* pour un choix précis de bordure (voir boutons ci-après pour l'appliquer)

- Le bouton *Mise en forme des bordures* pour cliquer-glisser sur le tableau et ajouter les bordures aux cellules (ce bouton est susceptible de s'activer automatiquement dès utilisation du bouton *Style du stylo* vu plus haut)

Mise en forme
des bordures

- Le bouton *Bordures* pour appliquer les bordures aux cellules sélectionnées

Bordures

Dans l'onglet *Disposition* :

- les boutons d'alignement horizontal ou vertical du texte dans les cellules

- le bouton d'orientation du texte dans les cellules

Orientation
du texte

Bien sûr, vous pouvez également utiliser les outils de mise en forme de l'onglet *Accueil*, que nous avons déjà étudiés pour la mise en forme du texte (taille de police, gras…).

Enregistrez et refermez votre document **Premier tableau VotrePrénom**.

Exercice

Créez un nouveau document et nommez-le **Tableau Candidats VotrePrénom**. Insérez et saisissez le tableau ci-dessous :

Louisa	Paul	Marion
1m78	1m80	1m56
Brune	Blond	Brune
56 ans	74 ans	26 ans
Refusé	Accepté	Accepté

En utilisant exclusivement les outils des onglets contextuels *Création* ou *Disposition*, effectuez les mises en forme suivantes :

- Choisissez le style de tableau Grille 5 foncé – Accentuation 2

Tableau Grille 5 Foncé - Accentuation 2

- Dans le groupe *Options de styles de tableau* de l'onglet *Création*, désactivez l'option prévoyant une mise en forme particulière pour **Première colonne** et activez celle prévoyant une mise en forme particulière pour **Ligne Total**
- Augmentez les hauteurs de toutes les lignes à 1 cm
- Centrez les textes dans les cellules aussi bien horizontalement que verticalement

Vous devez obtenir le résultat suivant :

Louisa¤	Paul¤	Marion¤
1m78¤	1m80¤	1m56¤
Brune¤	Blond¤	Brune¤
56·ans¤	74·ans¤	26·ans¤
Refusé¤	Accepté¤	Accepté¤

Suite de l'exercice :

- Insérez deux lignes vides en-dessous du tableau
- Sélectionnez le tableau et copiez-le sur la dernière ligne vide de votre document
- Sélectionnez la copie du tableau et utilisez le groupe *Styles de tableau* pour appliquer le style de tableau *Grille de tableau* et revenir ainsi à une mise en forme de base du tableau

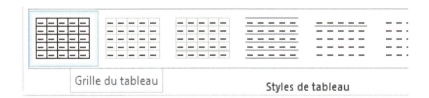

Grille du tableau   Styles de tableau

- Appliquez une trame de fond **Vert, Accentuation 6** à la 1ère ligne du tableau
- Utilisez les boutons *Style du stylo*, *Epaisseur du stylo* et *Couleur du stylet* pour choisir le trait double ⬛⬛⬛⬛⬛ , taille **3 pts**, couleur **Vert, Accentuation 6**
- Utilisez le bouton *Mise en forme des bordures* pour appliquer ce trait sur le contour du tableau

Vous devez obtenir le résultat suivant :

Louisa¤	Paul¤	Marion¤	¤
1m78¤	1m80¤	1m56¤	¤
Brune¤	Blond¤	Brune¤	¤
56·ans¤	74·ans¤	26·ans¤	¤
Refusé¤	Accepté¤	Accepté¤	¤

Enregistrez et refermez votre document **Tableau Candidats VotrePrénom**.

Modifier la taille du tableau

Pour effectuer les manipulations qui suivent, utilisez le document **Premier tableau VotrePrénom** créé précédemment.

Modifier la largeur globale du tableau

- Cliquez dans une cellule puis cliquez-glissez sur le carré blanc au coin inférieur droit du tableau

Modifier la largeur d'une colonne

Par le ruban

- Sélectionnez la colonne à redimensionner ou positionnez simplement votre curseur dans une de ses cellules et dans l'onglet contextuel *Disposition*, saisissez la largeur voulue dans la zone *Tableau Largeur de colonne*

Par la règle

- Effectuez un cliquer-glisser sur les damiers ⊞ marquant la séparation des colonnes (en prenant soin de ne pas toucher aux retraits de paragraphes qui apparaissent au-dessus de la cellule active)

Dans le tableau

- Vérifiez qu'aucune cellule individuelle n'est sélectionnée dans le tableau. Cliquez-glissez sur le trait vertical marquant le bord droit de la colonne (le pointeur doit avoir la forme ◄║►)

 Il existe une différence notable à utiliser l'une ou l'autre des méthodes ci-dessus pour modifier la largeur d'une colonne : lorsque l'on clique sur un damier dans la règle ou que l'on utilise l'onglet Disposition, Word modifie la largeur de la colonne sans modifier celle qui se trouve sur sa droite, et la taille globale du tableau s'en trouve modifiée.
Si vous cliquez-glissez sur les traits verticaux directement dans le tableau, la largeur du tableau restera inchangée, mais la colonne sur la droite de la colonne redimensionnée sera elle aussi agrandie ou rétrécie. Faites le test !

Uniformiser la largeur de plusieurs colonnes

- Sélectionnez les colonnes concernées et dans l'onglet *Disposition*, groupe *Taille de la cellule*, cliquez sur le bouton ⊞ ou indiquez une largeur précise dans la zone *Tableau Largeur de colonne* [4,31 cm]

Modifier la hauteur d'une ligne

Par le ruban

- Sélectionnez la ligne à redimensionner ou positionnez simplement votre curseur dans une de ses cellules et dans l'onglet contextuel *Disposition*, saisissez la hauteur voulue dans la zone *Tableau Hauteur de ligne* [0,48 cm]

Par la règle

- Cliquez-glissez sur les marques de séparation de lignes affichées dans la règle à gauche du tableau

Dans le tableau

- Cliquez-glissez sur le bord inférieur de la ligne (le pointeur doit avoir la forme ⬍)

Uniformiser la hauteur de plusieurs lignes

- Sélectionnez les lignes concernées et dans l'onglet *Disposition*, groupe *Taille de la cellule*, cliquez sur le bouton ⊟ ou indiquez une hauteur précise dans la zone *Tableau Hauteur Ligne* [0,48 cm]

Ajout et suppression de lignes et de colonnes

Ajout de lignes et de colonnes

- Visez sans cliquer le bord gauche de la ligne au-dessus de laquelle vous voulez insérer une nouvelle ligne jusqu'à ce que le symbole + s'affiche et cliquez dessus.¨

Nom·et·prénom¤	N°·de·lots¤	Millièmes¤	Quote-Part¤	¤
AVALON·Michel¤	134¤	250¤	3750¤	¤
FEROUZ·Nadia¤	25¤	325¤	4875¤	¤

Pour insérer une nouvelle colonne, procédez de même en visant cette fois le bord supérieur gauche de la colonne avant laquelle vous voulez insérer une nouvelle colonne.

Nom·et·prénom¤	N°·de·lots¤	Millièmes¤	Quote-Part¤	¤
AVALON·Michel¤	134¤	250¤	3750¤	¤
FEROUZ·Nadia¤	25¤	325¤	4875¤	¤

Alternativement, vous pouvez également sélectionnez une ligne ou une colonne utiliser les boutons du groupe *Lignes et colonnes* dans l'onglet contextuel *Disposition*.

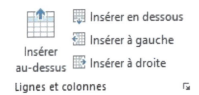

Insérer en dessous

Insérer à gauche

Insérer à droite

Lignes et colonnes

Suppression de lignes et de colonnes

- Sélectionnez la ligne ou la colonne à supprimer et utilisez le bouton *Supprimer* Supprimer de la *barre d'outils miniature* qui s'affiche ou utilisez ce même bouton dans le groupe *Lignes et colonnes* dans l'onglet contextuel *Disposition*

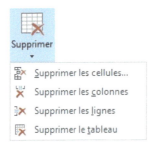

Centrer le tableau dans la page

- Sélectionnez le tableau ou cliquez pour positionner le curseur dans l'une de ses cellules.
- Dans l'onglet *Disposition*, cliquez sur le bouton *Propriétés* du groupe Tableau. La boite de dialogue *Propriétés du tableau* s'affiche à l'écran.
- Dans l'onglet *Tableau*, cliquez sur l'icône *Centré* .

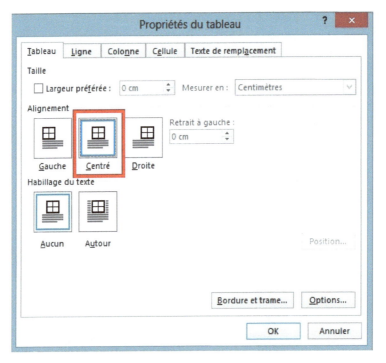

*Vous pouvez également sélectionner le tableau en prenant soin d'inclure les marques de fin de tableau à droite de la dernière colonne et cliquer tout simplement sur le bouton **Centré** ☰ du groupe **Paragraphe** dans l'onglet **Accueil**.*

Exercice

Réalisez l'exercice suivant sur un nouveau document que vous nommerez **Tableau menus VotrePrénom** :

JOUR¤	ENTREES¤	PLATS¤	PRIX HT¤	
Lundi¤	Endives¶ betteraves¶ Pâté en croûte¤	Entrecôte, Petits pois¶ Saumon, Haricots verts¤	16,50 €¤	
Mardi¤	Salade¶ Taboulé¤	Bœuf, Pommes allumettes¶ Bourguignon, Pâtes¶ Raie, Epinards¤	8,50 €¤	
Mercredi¤	Tomates¶ Pâté en croûte¶ Endives¤	Couscous¶ Filet de sole, Jardinière de légumes¤	10,80 €¤	

Aller plus loin avec les tableaux

Aligner des nombres sous une tabulation décimale

Votre tableau ci-dessus **Tableau menus** présente très bien, mais les nombres sont centrés ce qui n'est pas l'idéal. En fait, les nombres devraient être alignés sous une *tabulation décimale*. L'avantage d'un tableau est que si vous posez une tabulation décimale dans la règle, les nombres des cellules sélectionnées viennent automatiquement s'aligner dessous.

Attention cependant, vous ne devez sélectionner que des nombres appartenant à une même colonne. Ici, vous n'avez qu'une seule colonne de chiffres donc pas de problème de ce côté-là. Par contre, veillez à revenir à un alignement gauche dans les cellules, car les autres alignements sont incompatibles avec la tabulation décimale.

Sélectionnez les chiffres de la colonne **Prix HT** puis posez une tabulation décimale dans la règle au-dessus des cellules sélectionnées. Normalement, les chiffres «bondissent » pour s'aligner d'eux-mêmes sous la tabulation.

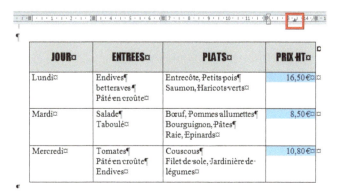

Ajouter une ligne de totaux

Nous allons maintenant ajouter une nouvelle ligne de cellules en fin de tableau pour calculer le total des prix. Pour ajouter une ligne, il vous suffit de vous positionner dans la dernière cellule à droite du tableau et d'appuyer sur la touche tabulation du clavier.

- Saisissez **Total** dans la première cellule de la ligne puis cliquez dans la dernière cellule de la ligne.

- Dans l'onglet *Disposition*, groupe *Données*, cliquez sur le bouton *Formule* .

- Saisissez la formule **=D2+D3+D4** puis sélectionnez le format indiqué ci-dessous :

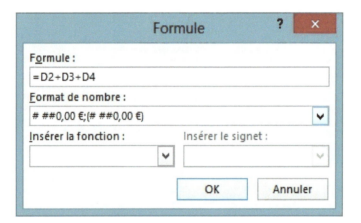

 Les formules dans un tableau Word, au contraire d'Excel, ne se mettent pas à jour automatiquement en cas de modification des nombres. Pour mettre à jour le champ calculé, cliquez dessus à l'aide du bouton droit de la souris et cliquez sur 🗋! Mettre à jour les champs *.*

Pour les tableaux contenant davantage de calculs, préférez Excel à Word.

Fusionner des cellules

Il est parfois nécessaire de fusionner plusieurs cellules en une seule cellule, pour centrer un titre par exemple ou pour présenter des tableaux plus complexes.

 Attendez toujours d'avoir achevé votre tableau pour procéder à la fusion de cellules car certaines manipulations deviennent dès lors très difficiles, voire impossibles.

Imaginons par exemple que vous vouliez ajouter une ligne de titre à votre tableau. Pour commencer, ajoutez la ligne de cellules vides au-dessus de la ligne de titre.

Sélectionnez toutes les cellules de la nouvelle ligne et dans l'onglet contextuel *Disposition*, cliquez sur le bouton *Fusionner* ⊞ du groupe *Fusionner*. C'est fait : les quatre cellules n'en font plus qu'une et vous pouvez sans problème saisir et centrer le texte **MENUS SEMAINE 14**.

MENUS SEMAINE 14			
JOUR	**ENTREES**	**PLATS**	**PRIX HT**
Lundi	Endives¶ betteraves ¶ Pâté en croûte	Entrecôte, Petits pois¶ Saumon, Haricots verts	16,50 €
Mardi	Salade¶ Taboulé	Bœuf, Pommes allumettes¶ Bourguignon, Pâtes¶ Raie, Epinards	8,50 €
Mercredi	Tomates¶ Pâté en croûte¶ Endives	Couscous¶ Filet de sole, Jardinière de légumes	10,80 €

Il existe une autre méthode assez amusante pour fusionner des cellules, que nous vous proposons de découvrir maintenant. Pour commencer, cliquez plusieurs fois sur le bouton *Annuler* ↩ ▾ de la barre d'outils *Accès rapide* jusqu'à retrouver votre ligne de 4 cellules vides. Ceci fait, procédez comme suit :

- Dans l'onglet contextuel *Disposition*, groupe *Dessiner,* cliquez sur le bouton *Gomme* ⌧ Gomme . Votre pointeur souris prend la forme d'une gomme
- Cliquez pour « gommer » le trait entre les deux premières cellules. Les deux cellules se fusionnent
- Recommencez pour les autres cellules de la ligne. Et voilà !

A noter que selon le cas, le bouton Gomme peut également servir à effacer les bordures sans pour autant fusionner. Tout dépend de la structure du tableau et du trait que vous effacez.

Bien, voilà qui nous apprend à fusionner. Mais l'inverse existe, bien sûr : vous devez maintenant voir comment « fractionner » une cellule en plusieurs cellules. Là encore, deux méthodes existent. Cette fois, commençons par la plus amusante (et la plus simple aussi).

Fractionner les cellules

- Dans l'onglet contextuel *Disposition*, groupe *Dessiner,* cliquez sur le bouton *Dessiner un tableau* ⌧ Dessiner un tableau . Votre pointeur souris prend la forme d'un crayon.
- Cliquez-glissez pour tracer une ligne horizontale sur les cellules **ENTREES** et **PLATS** (commencez au trait gauche de la cellule **ENTREES** et glissez jusqu'au trait à droite de la cellule **PLATS**). Vous devez obtenir ce résultat :

MENUS SEMAINE 14			
JOUR	**ENTREES**	**PLATS**	**PRIX HT**
Lundi	Endives¶ betteraves ¶	Entrecôte, Petits pois¶ Saumon, Haricots verts	16,50 €

Cette fois encore, nous allons revenir en arrière pour tester l'autre méthode :

- Cliquez sur le bouton *Annuler* ↶ ⁻ de la barre d'outils *Accès rapide.*
- Sélectionnez les deux cellules **ENTREES** et **PLATS** et dans l'onglet *Disposition*, groupe *Fusionner* ,cliquez sur le bouton *Fractionner* ⊞ Fractionner .
- Dans la boite de dialogue qui s'affiche, indiquez le nombre de cellules horizontales et verticales que vous voulez obtenir (pour nous 2 sur 2) :

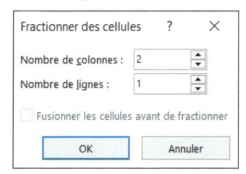

Il ne vous reste plus qu'à effectuer les manipulations suivantes pour obtenir le résultat ci-dessous.

- Procédez à un couper/coller pour déplacer les mots **ENTREES** et **PLATS**
- Fusionnez les deux cellules vides pour saisir **REPAS DU MIDI**
- Centrez verticalement et horizontalement tous les titres dans les cellules

MENUS SEMAINE 14¤			
JOUR¤	**REPAS DU MIDI**¤		**PRIX HT**¤
	ENTREES¤	**PLATS**¤	
Lundi¤	Endives¶ betteraves ¶ Pâté en croûte¤	Entrecôte, Petits pois¶ Saumon, Haricots verts¤	16,50 €¤ ¤
Mardi¤	Salade¶	Bœuf, Pommes allumettes¶	8,50 €¤

Répéter les titres d'un tableau sur plusieurs pages

Il arrive que les tableaux soient si longs qu'ils s'étalent sur plusieurs pages. Dans ce cas, vous pouvez vouloir que la ou les lignes de titres du tableau se répètent automatiquement en haut de chaque page imprimée. Pour les manipulations suivantes, ouvrez le tableau **VENTES IMMOBILIER**.

- Sélectionnez la ligne de titre du tableau et dans l'onglet *Disposition*, groupe *Données*, cliquez tout simplement sur le bouton *Répéter les lignes d'en-tête* ▥ Répéter les lignes d'en-tête
  Voilà qui est fait, votre ligne de titre se répète en haut des deux pages suivantes du tableau, comme vous pouvez le vérifier dans l'aperçu avant impression.

Trier les lignes d'un tableau

Voyons à présent comment réordonner votre tableau. Supposons que vous vouliez trier vos ventes par vendeur :

- Dans l'onglet *Disposition*, groupe *Données,* cliquez sur le bouton *Trier* ᴬ⬇ Trier .

- Dans la boite de dialogue qui s'ouvre à l'écran, sélectionnez le ou les champs sur lesquels vous voulez trier.

  Par exemple, nous voulons notre liste triée par vendeur puis, pour chaque vendeur, par ordre de prix de vente du plus élevé au plus bas (décroissant). Vous devez donc indiquer que vous voulez un tri par **Vendeur**, puis un sous-tri par **Prix de vente** *décroissant* :

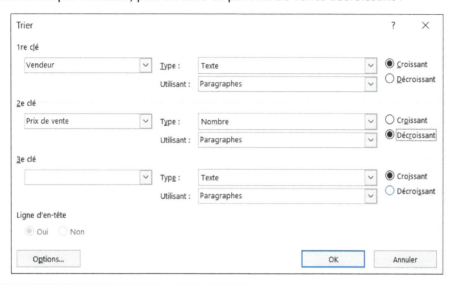

 **Aller plus loin avec l'enregistrement**

L'enregistrement automatique

Tout d'abord, une petite mise au point s'impose : la fonctionnalité d'*enregistrement automatique* ne saurait se substituer à l'enregistrement manuel du travail par le biais du bouton *Enregistrer* 💾 . L'enregistrement régulier des fichiers reste le moyen le plus sûr de préserver votre travail. Parfois cependant, il arrive que Word se ferme avant que vous n'ayez pu enregistrer les modifications apportées sur votre fichier (dysfonctionnement du programme, coupure de courant, instabilité du système…)

Bien qu'il ne soit pas toujours possible d'éviter le pire, vous pouvez prendre des mesures afin de protéger au maximum votre travail en cas de fermeture anormale de Word.

Activer l'enregistrement automatique

- Dans l'onglet *Fichier*, cliquez sur le bouton *Options*
- Dans la rubrique *Enregistrement*, activez l'option *Enregistrer les informations de récupération automatique toutes les xx minutes* et si nécessaire, modifiez la fréquence en minutes des enregistrements automatiques.

Que faire après un incident ?

Si vous relancez Word après un incident, plus communément appelé « plantage », le volet *Récupération de document* s'affiche automatiquement, vous affichant la liste des fichiers ouverts au moment de l'incident. Pour récupérer la dernière version enregistrée automatiquement d'un document, cliquez dessus pour l'ouvrir et relancez immédiatement un enregistrement.

 Récupération des versions non enregistrées

Un autre cas de figure serait que vous refermiez votre fichier vous-même en omettant de l'enregistrer. Désormais, vous pouvez choisir de restaurer la dernière version enregistrée automatiquement du fichier.

Activer la récupération des versions non enregistrées

- Dans l'onglet *Fichier*, cliquez sur le bouton *Options* Options .
- Dans la rubrique *Enregistrement*, activez l'option

☑ Conserver la dernière version enregistrée automatiquement si je ferme sans enregistrer

Récupérer une version enregistrée automatiquement

- Dans l'onglet *Fichier*, cliquez sur la rubrique *Informations*
- Dans la zone *Gérer le document ou Gérer les versions*, cliquez sur la version du fichier que vous souhaitez récupérer.

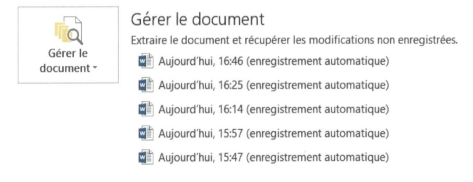

 **Le format d'enregistrement des fichiers**

Changer le format d'enregistrement du fichier

Par défaut, Word enregistre tous les fichiers créés dans le nouveau format de fichier, appelé XML. Ce format n'est pas compatible avec l'ancien format utilisé par les précédentes versions de Word 97-2003. Un problème peut donc se poser si vous partagez votre document avec une personne ne disposant pas d'une version récente de Word (imaginons un client à qui vous souhaitez envoyer votre fichier par messagerie).

Heureusement, vous pouvez créer une copie de votre fichier dans l'ancien format d'enregistrement avant de le partager :

- Dans l'onglet *Fichier*, cliquez sur Enregistrer sous
- Cliquez sur le bouton *Parcourir*
- Dans la fenêtre *Enregistrer sous* qui s'ouvre à l'écran, déroulez la zone *Type* en bas de la fenêtre et sélectionnez *Document Word 97-2003 (*.doc)* dans la liste.

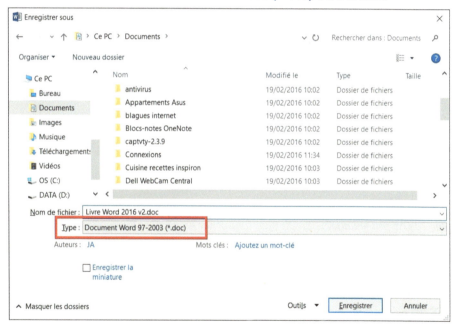

 Changer le format d'enregistrement par défaut

Si vous travaillez le plus souvent avec des personnes qui ne disposent pas de la dernière version de Word, peut-être serait-il judicieux de demander à ce que Word enregistre systématiquement les nouveaux fichiers que vous créez à l'ancien format 97-2003. C'est possible, il faut dans ce cas changer le format d'enregistrement *par défaut* :

- Dans l'onglet *Fichier*, cliquez sur le bouton *Options*.
- Cliquez sur la rubrique *Enregistrement* puis choisissez le format *Document Word 97-2003* dans la liste déroulante de la zone *Enregistrer les fichiers au format suivant*.

Convertir un fichier au nouveau format

Lorsque vous ouvrez un fichier enregistré dans l'ancienne version 97-2003, Word vous l'indique dans la barre de titre de votre document en ajoutant la mention *[Mode de compatibilité]* après le nom du fichier. Vous pouvez bien sûr convertir votre fichier dans la nouvelle version de Word. Pour ce faire, procédez comme suit :

- Dans l'onglet *Fichier*, cliquez sur la rubrique *Informations* puis sur le bouton *Convertir*

Convertir

- Au message de Word qui s'affiche, cliquez sur *OK*.

 Modifier le dossier d'enregistrement par défaut

Lorsque vous enregistrez un nouveau document ou demandez l'ouverture d'un document existant, Word vous propose systématiquement le même dossier, généralement *Documents* ou *Mes documents*.

Si vous changez systématiquement ce dossier à chaque ouverture ou enregistrement, peut-être serait-il intéressant de modifier votre dossier par défaut.

> *Merci de ne pas changer le dossier par défaut sur les postes utilisés durant votre formation*

- Dans l'onglet *Fichier*, cliquez sur le bouton *Options*.
- Cliquez sur la rubrique *Enregistrement* puis cliquez sur le bouton *Parcourir* à droite de la *zone Dossier par défaut* pour choisir votre nouveau dossier d'enregistrement par défaut.

Dossier local par défaut :	C:\Users\USER\Documents\	Parcourir...

Visualiser les propriétés du document

Vous souhaitez en savoir un peu plus sur votre document : temps d'édition, nombre de mots, auteur ? Rien de plus facile :

- Cliquez sur l'onglet *Fichier* puis sur *Information*
- Les principales propriétés de votre document s'affichent dans la fenêtre

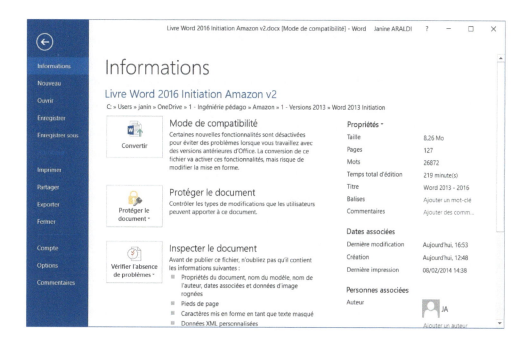

Les raccourcis utiles

SELECTIONNER LE TEXTE	Par la souris	Par le clavier
Un mot	Double-cliquer sur le mot	Cliquer au début du texte à sélectionner, maintenir la touche ⇧ enfoncée et utiliser les touches directionnelles du clavier pour étendre la sélection ↑ ← ↓ →
Une ligne de texte	Cliquer en marge gauche face à la ligne (pointeur ⇗)	
Plusieurs lignes de texte	Cliquer-glisser en marge gauche (pointeur ⇗)	
Un paragraphe	Double-cliquer en marge gauche face au paragraphe (pointeur ⇗)	
Tout le document	Triple-cliquer en marge gauche (pointeur ⇗)	Ctrl A

SE DEPLACER DANS LE TEXTE		
De caractère en caractère	Touches directionnelles du clavier ↑ ← ↓ →	
En début de ligne ou en fin de ligne	↖ ou Fin	
A la fin du document	Ctrl Fin	
Au début du document	Ctrl ↖	
D'un paragraphe vers le haut	Ctrl ↑	
D'un paragraphe vers le bas	Ctrl ↓	

INSERER		
Note de bas de page	Alt Ctrl B	
Saut de page	Ctrl ⏎ Entrée	
Saut de ligne	⇧ ⏎ Entrée	
Saut de colonne	Ctrl ⇧ ⏎ Entrée	
Espace insécable	Ctrl ⇧ Espace	
Trait d'union conditionnel	Ctrl - (trait d'union)	

Méthodes d'apprentissage disponibles

Ces méthodes sont disponibles sur le site www.amazon.fr. Vous pouvez accéder à la liste de nos ouvrages en saisissant le nom de l'auteur ou le code ISBN dans la zone de recherche du site.

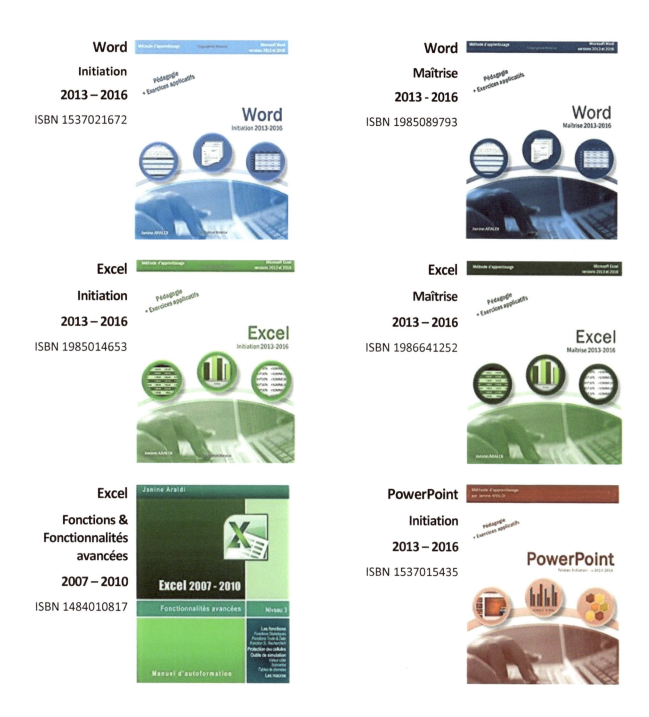

Word

Initiation

2013 – 2016

ISBN 1537021672

Word

Maîtrise

2013 - 2016

ISBN 1985089793

Excel

Initiation

2013 – 2016

ISBN 1985014653

Excel

Maîtrise

2013 – 2016

ISBN 1986641252

Excel

Fonctions & Fonctionnalités avancées

2007 – 2010

ISBN 1484010817

PowerPoint

Initiation

2013 – 2016

ISBN 1537015435